拉萨市古地名名录

西藏人民出版社

图书在版编目（CIP）数据

拉萨市古地名名录/拉萨市民政局编.--拉萨：
西藏人民出版社，2018.12
ISBN 978-7-223-06040-0

Ⅰ.①拉… Ⅱ.①拉… Ⅲ.①地名-拉萨-名录
Ⅳ.①K927.51-62

中国版本图书馆CIP数据核字（2018）第213713号

拉萨市古地名名录

编　　者	拉萨市民政局
责任编辑	计美旺扎　多吉卓玛
封面设计	格桑罗布
装帧设计	格桑罗布
出版发行	西藏人民出版社 （拉萨市林廓北路20号）
印　　刷	西藏福利印刷厂
开　　本	787×960　1/16
印　　张	11.25
字　　数	400千
版　　次	2018年12月第1版
印　　次	2018年12月第1次印刷
印　　数	01-20,000
书　　号	ISBN 978-7-223-06040-0
定　　价	42.00元

版权所有　翻印必究

《拉萨市古地名名录》编纂委员会

顾　　问：白玛旺堆　果　果　贡扎曲旺
　　　　　徐海康　何　镛
主　　编：白玛玉珍
副 主 编：柳福平　次仁旺堆
编　　委：布　穷　江洛金·平措朗杰
　　　　　拉巴扎西
委　　员：高小丽　索朗央吉　仓决卓玛
　　　　　琼卓玛　次仁曲珍　次　珍
　　　　　吴金措姆　袁自勇　达　娃
编纂办公室主任：次仁旺堆
编纂办公室成员：布　穷　江洛金·平措朗杰
　　　　　　　　拉巴扎西

目 录

一、序言……………………………………1

二、市、县（区）沿革……………………1

三、古村落…………………………………16

四、名山圣湖………………………………23

五、寺庙……………………………………42

六、塔………………………………………79

七、碑………………………………………91

八、公园……………………………………101

九、遗址……………………………………102

十、古建大院………………………………126

十一、桥……………………………………150

十二、古街巷、道路、隧道………………155

序 言

  地名，是乡愁，是情怀，是历史文化与当代文化的契合。地名是历史的名片，一个地名就是一段历史的印记，一个地名就是一个地理的坐标。因此地名是一个地方历史地理与文化的结合点，它不仅反映了空间位置、自然地理、所属类型，更反映了当地的人文特征。

  拉萨地名文化是中国历史文化的重要组成部分，大到县区、乡镇、村居的名称，小到街、巷、桥、隧道的名称，每个地名都有一段故事，每个地名的由来都镌刻着文化的印记，承载着厚重的人文底蕴。拉萨的各种地名是表达拉萨历史与文化的语言符号，标示了城市、农村、河流、山脉、道路、街巷等地理位置，反映了拉萨社会、文化、历史的点点滴滴及彼此间的密切联系。

  拉萨始建于公元 7 世纪吐蕃松赞干布时期，距今有 1300 多年的历史，是国务院首批公布的全国 24 个历史文化名城之一。拉萨作为西藏自治区首府城市，是西藏政治、经济、文化的中心，素以风光秀丽、历史悠久、文化灿烂、名胜众多、民风淳朴、风俗独特而闻名于世。其中老城区是拉萨市的发源地和核心区，是拉萨历史文化名城发展史的直接见证者、文化和经济活动的重要承载者、独具特色历史文化传统的集中体现者，是历史与现代相交汇共同构筑的多功能城市中心，也是展示西藏民族文化和地域文化的重要窗口。1951 年西藏和平解放赋予了拉萨新的生命，1978 年改革开放为拉萨的发展注入新的活力。在党中央、国务院的亲切关怀和自治区党委、政府的坚强领导下，拉萨市深入实施党建统市、环境立市、文化兴市、产业强市、民生安市、依法治市"六大战略"，奋力推进了拉萨跨越式发展和长治久安，先后被评为"中国优秀旅游城市""全国文明城市""全国双拥模范城市""全国园林绿化城市""全国卫生城市""中国环保典范城市""中国十大节庆城市"。在中国社会科学院发布的 2013 年《社会公共服务蓝皮书》中，拉萨蝉联全国 38 个主要城市基本公共服务满意度排行第一名，公共交通、公共安全、城市环境、文化体育、社会就业、GDP 杠杆指数 6 项指标高居榜首，连续 7 年被评为百姓幸福感最强的城市。

《拉萨市古地名名录》主要录入了拉萨市区古地名、古街、古巷及各县（区）的各类地名，包括百年村落、名胜古迹、古建筑物、名山名水等，并简述了各类古地名的历史由来及演变。为读者全方位展示拉萨古老历史地名及其蕴含的丰富民俗文化，以期对拉萨市经济发展成就、文化旅游特色、城市名片等产生积极的宣传作用，对拉萨市地名文化传承及建设产生积极的推动作用。

本书的编纂出版，得到了区民政厅、区市新闻出版局和有关专家、学者的大力支持。为此，我们对关心支持《拉萨市古地名名录》编辑出版的各界人士表示由衷的感谢。

白玛玉珍

2017.11

市、县（区）历史沿革

ཧླ་ས་གྲོང་ཁྱེར།

拉萨市

拉萨市位于西藏自治区中部，东经89°45′11″—92°37′22″，北纬29°14′26″—31°03′47″，平均海拔3650米，地处拉萨河中、下游。坐落着一座著名的古老城市——拉萨，拉萨是西藏自治区的首府，是我国西南边陲的一座高原古城，也是我国历史文化名城之一。

1300多年以前，拉萨河被称为"吉曲"，拉萨河流域被称为"吉若"。墨竹工卡的直孔地方至曲水之间的拉萨河流域为"吉"氏部落的领地，分上游的"吉堆"领地、中游的"吉雪"领地和下游的"吉麦"领地三个区域。公元7世纪以前，卧玛塘、拉萨河谷及其北部一带曾从属于苏毗部落势力范围。公元7世纪初，吐蕃赞普松赞干布继承祖业，征服了苏毗、羊同等部落，统一了西藏高原，建立了吐蕃政权，并在境内设置5个茹进行管辖。为方便统治,松赞干布将权力中心从山南的雅砻河谷迁至如今的拉萨。当时,拉萨河北面布满荒野,荒野中有一小湖,叫"沃塘错"。松赞干布在这片荒野中筑坝修堤,整治河流,填平"沃塘错",建起大昭寺,并在寺中供奉释迦牟尼佛像。拉萨的地名亦由此而来,在藏语中,"拉"意为神佛,"萨"意为地方,供奉佛祖圣像的地方即被称为"拉萨"。公元9世纪中叶,吐蕃政权崩溃,松赞干布后裔逃亡各地,偏据一方,建立地方政权。其中,王室云丹的后裔占据卫茹,建立拉萨王系进行氏族统治,拉萨为其直辖地。公元13世纪,元朝中央政府在中央层面设置了总制院总理全国宗教事务和藏区行政事务,另又在全国藏区分设了3个宣慰使司都元帅府管理军政和宗教事务,任命萨迦派僧人为"本钦"①总管西藏事务,并分封13个万户长管理军政。14世纪中期,帕木竹巴噶举教派兴起并逐渐发展壮大,在西藏地方的权力结构中取代了萨迦政权,并最终获得明朝中央政府的认可。明末清初,在固始汗的扶持下,五世达赖喇嘛在拉萨建立甘丹颇章地方政权管理西藏宗教事务,固始汗则负责西藏军政事务,拉萨逐步成为西藏宗教、政治、经济及文化中心。公元17世纪初,摄政第巴洛桑金巴在拉萨设立雪②列空,管辖布达拉宫城墙内外区域及近郊18个豁卡③的行政、治安、赋税。公元1721年,清朝中央政府在拉萨设立驻藏大臣办事衙门,派遣办事大臣和帮办大臣常驻拉萨,督办西藏各项事务。清乾隆后期,西藏地方政府在前藏设宗、豁卡92个,其中雪列空辖区建有宗、豁卡24个。民国时期,

① 本钦:意为大官。 ② 雪:意为宫殿下面。 ③ 豁卡:意为庄园。

西藏地方政府将雪列空所辖 24 个宗、豁卡调整为 7 个宗、12 个豁卡进行治理。

1951 年西藏和平解放后,西藏地方政府仍沿用了一段时间过去的治理机构,共设置 6 个总管和 103 个宗[④]、豁卡。拉萨隶属卫区总管,下设 12 个宗、14 个豁卡。1956 年,西藏自治区筹备委员会成立,建立 8 个地级基巧办事处,拉萨基巧办事处为其中之一,下设 3 个宗级办事处和 7 个宗、21 豁卡。1957 年 8 月,3 个宗级办事处撤销。1959 年 3 月西藏上层反动集团发动全面武装叛乱,3 月 23 日,驻拉萨人民解放军奉命平叛,拉萨成立军事管制委员会,对辖区实行军事管制,并撤销朗孜夏列空和雪列空[⑤]等西藏地方政府所设各级政权。同年 9 月,曲水、尼木、堆龙德庆、当雄、达孜、墨竹工卡、林周、旁多县人民政府和东城区、南城区、西城区、北城区、东郊区、西郊区人民政府相续建立。10 月,拉萨军管会和基巧办事处相继撤销,建立拉萨市,隶属自治区筹委会。1960 年 1 月,拉萨市人民政府正式成立,下设曲水、尼木、堆龙德庆、当雄、达孜、墨竹工卡、林周、旁多 8 个县和东城、南城、西城、北城 4 个区,撤销东郊区,并入东、北、南 3 城区和达孜县,撤销西郊区,并入堆龙德庆县和西城区。10 月 16 日增设澎波区。1961 年,撤销东、南、西、北 4 个区,成立城关区。1962 年,撤销旁多县,并入林周县。1964 年 5 月撤销澎波区,并入林周县。7 月林芝专区撤销,林芝、米林、墨脱、工布江达 4 县划归拉萨市,拉萨市有 12 个县(区)。1965 年,西藏自治区成立,拉萨市成为自治区首府,再次成为西藏自治区的政治、经济、文化中心。8 月,拉萨市人民政府更名为拉萨市人民委员会,下设 12 个县(区)人民委员会。1968 年 9 月,成立拉萨市革命委员会,取代了市人民委员会,下设 12 个县(区)革命委员会,分别是曲水县、尼木县、堆龙德庆县、当雄县、达孜县、墨竹工卡县、林周县、城关区、林芝县、米林县、墨脱、工布江达县。1982 年 6 月市革命委员会撤销,恢复成立拉萨市人民政府,下设 12 个县(区)人民政府,分别是曲水县、尼木县、堆龙德庆县、当雄县、达孜县、墨竹工卡县、林周县、城关区、林芝县、米林县、墨脱县、工布江达县。1986 年,林芝地区恢复建制,林芝、米林、墨脱、工布江达 4 县划归林芝地区管辖。到 2000 年底,拉萨市辖城关区、林周县、墨竹工卡县、达孜县、堆龙德庆县、曲水县、当雄县、尼木县等 1 区 7 县。2015 年,经国务院批准,

---

[④] 宗:意为 县衙。 [⑤] 列空:意为办事机构。

撤销堆龙德庆县，设立堆龙德庆区。2017年，经国务院批准，撤销达孜县，设立达孜区。至今，拉萨市共辖3区5县，3区是城关区、堆龙德庆区、达孜区，5县为林周县、墨竹工卡县、曲水县、当雄县、尼木县。"拉萨经开区、柳梧新区、空港新区、文化创意园区、老城区"为五大经济功能区。

拉萨国土面积近3万平方公里，辖有48个乡、9个镇、8个街道办事处，227个村委会、45个居委会。户籍人口60.12万，有藏、汉、回等38个民族。2016年全市地区生产总值422亿元，同比增长12%；社会固定资产投资636亿元，增长18%；社会消费品零售总额233亿元，同比增长13%；财政收入107.53亿元，同比增长18.5%，其中公共财政预算收入70.79亿元，增长13.4%；城镇居民人均可支配收入29968元，同比增长11.4%；农村居民人均可支配收入12038元，同比增长16%；居民消费品价格涨幅控制在2.6%以内，城镇登记失业率控制在2.2%以内。

ཁྲིད་ཀོན་ཆུས།
城关区

城关区位于拉萨市中南部，东经91°07′，北纬29°39′，地处拉萨河中下游，海拔3650米。该区域在元朝隶属于蔡巴①万户府，明代归乃邬宗管辖，清朝和民国时期为西藏地方政府所设雪列空、朗孜夏列空管理，属西藏地方政府卫区②总管，是西藏政治、经济、文化的中心和交通枢纽，也是西藏人流、物流、信息流的中心。

城关区人民政府正式建立于1961年4月23日，政府驻地为嘎玛贡桑街道办事处，下设4个乡、3个街道办事处。1970年，将乡改为公社。1984年，恢复乡，调整为11个乡、6个街道办事处、12个居委会。如今，城关区下辖4个乡、8个街道办事处，40个社区居民委员会、11个村民委员会。总人口为440288人，其中流动人口为234490人。辖区内聚集着中直单位、驻藏人民解放军、武警部队以及自治区、拉萨市的党政机关、企事业单位和社会团体等机构。城关区国土面积554平方公里，耕地面积51.4平方公里。

2016年，城关区地区生产总值（GDP）91.99亿元，同比增长12.1%；公共财政收入8.91亿元，同比增长10%；全社会固定资产投资111.24亿元，同比增长26.1%；社会消费品零售总额达79.53亿元，同比增长14.7%；工业增加值达2.83亿元，同比增长23.6%；农牧民人均可支配收入达15208元，

---
① 蔡巴：意为蔡地。 ② 卫区：指前藏。

同比增长10.3%；城镇居民人均可支配收入达28877.44元，同比增长10.6%；城镇登记失业率控制在2.2%以内；旅游文化产业发展成效显著，旅游人数达1328.96万人（次），同比增长15.2%，旅游业收入达101.62亿元，同比增长18.6%。

སྟོད་ལུང་བདེ་ཆེན་ཆུས།
堆龙德庆区

堆龙德庆区位于拉萨市中南部，东经90°27′—91°01′，北纬29°26′—30°39′，海拔3640米，地处拉萨河中下游。距市中心约12公里，"堆龙"藏语中意为"上谷"，"德庆"意为"极乐"，合意为"上谷极乐福地"。吐蕃时期，堆龙德庆为卫茹的吉雄东迪所辖并由堆龙、帕杰域参管理。元朝隶属蔡巴万户府管理。明代分属乃邬[①]宗和朵陇[②]都指挥使司管理。清代系西藏地方政府所设雪列空管辖。民国时设德庆宗，属西藏地方政府卫区总管。

西藏自治区筹备委员会成立后，堆龙德庆地方隶属自治区筹备委员会拉萨基巧办事处管辖。1959年9月10日，建立堆龙德庆县人民政府，政府驻地东嘎镇，辖有6个区、35个乡。

---

① 乃邬：指现今的柳梧乡。　② 朵陇：指堆龙。

1970年，乡改为公社。1984年恢复乡。1988年12月撤区并乡建镇。2015年，经国务院批准，撤销堆龙德庆县，设立堆龙德庆区，现辖2个镇、5个乡、34个村委会，国土面积2704.25平方公里。2016年，地区生产总值25.89亿元，同比增长17.8%；公共财政预算收入6.25亿元，同比增长24.52%；社会固定资产投资77.2亿元，同比增长33.1%；工业增加值10.37亿元，同比增长23.5%；社会消费品零售总额9.36亿元，同比增长12.1%；农村居民人均可支配收入13291.61元，同比增长19.2%。

达孜区

　　达孜区地处拉萨市东部、拉萨河中游，位于东经91°81′，北纬29°40′，海拔3686米。据历史资料记载，"达孜"地名的来历可能有三：一是出自"卫堆吉日达孜"，意思是它的中上游是沙山虎峰；二是出自"吉日朗巴达孜"，亦与老虎有关；三是出自大量的民间传说，大概指村庄背靠的山像趴在地上的老虎，而宗政府建在老虎前腿的左爪上，故取名"达孜"。吐蕃时期，达孜为卫茹所设耶热东布穷东迪①管辖。元朝时隶属甲玛万户府管理。明朝属扎嘎②宗、齐日达孜③宗分治。清代属西藏地方政府所设雪列空管理。民国时期设达孜宗，属西藏地方政府卫区总管所辖。

　　西藏自治区筹备委员会成立后，达孜地方隶属自治区筹备委员会拉萨基巧办事

---

① 耶热东布穷东迪：指卫茹10千户之一。　② 扎嘎：帕竹王朝时期的十三个宗之一，今日的扎嘎村。
③ 齐日达孜：噶丹颇章地方政权时所建的齐日达孜宗。

处管辖。1959年9月10日，达孜县人民政府正式成立，县政府驻地德庆镇，辖4个区、18个乡。1970年乡改为公社。1984年恢复乡。1988年12月撤区并乡建镇。2000年，辖1镇、5乡、21个村民委员会、128个村民小组，后调整为1镇、5乡、20个村民委员会、131个村民小组。2017年7月，根据《国务院关于同意西藏自治区调整拉萨市部分行政区划的批复》（国函〔2017〕107号）文件，同意撤销达孜县，设立拉萨市达孜区。总人口29152人，国土面积1373平方公里。2016年，地区生产总值14.65亿元，同比增长11%；公共财政预算收入5.9亿元，同比增长37.6%；实现全社会固定资产总投资28.62亿元，同比增长22.1%；社会消费品销售总额1.73亿元，同比增长12.9%；税收收入20.53亿元，同比增长100.04%；农牧民人均可支配收入10762元，同比增长10.3%。

ཕུན་བྲབ་རྫོང་།
林周县

林周县地处西藏自治区中南部、拉萨市东北部、拉萨河上游及澎波河谷地带，位

于东经90°50′—91°54′，北纬29°45′—30°29′，海拔3900米。"林周"，藏语意为"自然形成的沃土"，汉文曾译为"澎""吞珠""吞竹""冷竹""林祖""冷竹宗""伦珠布宗"等。吐蕃时期，林周为卫茹[①]所设邱参木东迪、长参木东迪、迥巴东迪共辖。元朝系蔡巴万户府管理，明朝隶属搽里巴都指挥使司。清代属于西藏地方政府雪列空设伦珠布城、蓬多城共治。民国时设林周宗、隶属西藏地方政府卫区总管。

1956年西藏自治区筹备委员会成立后，林周地方隶属于拉萨基巧办事处管辖。1959年，林周县人民政府正式成立，县人民政府驻地甘丹曲果镇，辖6区、27乡。1970年乡改为公社。1982年—1988年7月，县内区划调整为6个区、35个乡。1988年12月撤区并乡建镇。2011年至今，全县辖甘丹曲果镇、唐古乡、阿朗乡、旁多乡、春堆乡、强嘎乡、卡孜乡、松盘乡、江热夏乡、边交林乡，共1镇9乡45个村委会，全县有10283户63161人。2016年地区生产总值15.49亿元，同比增长1.6%；社会固定资产投资总额8.90亿元，同比增长-53.7%；公共财政预算收入12931万元，同比增长18.0%；农牧民人均可支配收入10095元，同比增长10.3%。林周县国土面积4512平方公里，耕地面积221597.6亩，水域面积24516亩。粮油总产量7.05万吨，粮经饲比例64.6∶11.6∶23.8。全县牲畜存栏24.32万头（只、匹）、出栏8.5万头（只、匹），肉产量0.78万吨、奶产量0.71万吨、禽蛋产量237.1吨。实现工业投入5.2亿元、同比增长22%；工业销售产值2.8亿元、同比增长5.1%；工业税收完成2350万元、同比增长2.5%；全年接待游客11.49万人次、同比增长460%；旅游收入850万元、同比增长190%。

---

① 卫茹：指前藏。

མལ་གྲོ་གུང་དཀར་རྫོང་།

墨竹工卡县

　　墨竹工卡县位于拉萨市东部，东经91°32′—92°37′，北纬29°31′—29°50′，海拔3800米，地处西藏自治区中部、拉萨河中上游、米拉山西侧，东邻林芝市工布江达县，南接山南市桑日县、乃东县、扎囊县，西毗拉萨市达孜县、林周县，北连那曲市嘉黎县。"墨竹工卡"藏语意为"墨竹色青龙王居住的中间白地"。吐蕃时期墨竹工卡系卫茹所设墨竹域参[①]、嫩龙域参共辖，元朝时隶属直贡万户府，明代属甲玛尔指挥使司管辖，清代为西藏地方政府雪列空所设墨竹贡嘎尔城管理，民国时期设墨竹工卡宗，属西藏地方政府卫区总管。

　　1959年前，墨竹工卡地方隶属于自治区筹委会拉萨基巧办事处管辖。1959年9月10日墨竹工卡县人民政府正式成立，驻地为工卡镇，辖6个区、34个乡。1970年乡改为公社，1984年恢复乡。1988年12月，撤区并乡建镇。2000年全县辖7乡、1镇、43个村民委员会。后调整为7乡、1镇、40个村民委员会。2016年墨竹工卡共有人口55841人，国土面积5620平方公里，耕地面积5241.91公顷，农作物播种面积5204.31公顷，其中粮食播种面积4110.61公顷，小麦播种266.7公顷，豌豆播种

---

① 域参：指村落、地方。

7.34公顷。粮食总产量24488.09吨，其中小麦24388.83吨，豌豆99.26吨，油料产量2047.71吨，蔬菜产量4780.9吨。地区生产总值26.18亿元，同比增长14.7%；社会固定资产投资80.55亿元，同比增长7.2%；社会消费品零售总额3.3亿元，同比增长13.9%；农牧民人均可支配收入11395元，同比增长10.3%；公共财政预算收入3.27亿元，同比增长18.9%。

ཆུ་ཤུར་རྫོང་།
曲水县

曲水县地处拉萨市的西南部，东经90°4′—90°9′，北纬29°2′

—29°5′，海拔3576米，地处拉萨河与雅鲁藏布江交汇处。"曲水"，在藏语意为"流水沟"。吐蕃时期，曲水为卫茹的吉麦东迪①所辖，由昌布域参管理。元朝隶属蔡巴万户府管理。明朝归伦珠孜宗管理。清代系西藏地方政府的雪列空所设楚舒尔城、日噶牛城管理。民国时设曲水宗，属西藏地方政府卫区总管。

1956年西藏自治区筹备委员会成立后，曲水地方隶属于拉萨基巧办事处管辖。1959年9月10日，曲水县人民政府正式成立，县政府驻地曲水镇，辖5个区、17个乡。1970年乡改为公社。1984年恢复乡。1988年12月撤区并乡建镇。2000年，全县辖1镇、5乡、17个村，后调整为1镇、5乡、18个村。总人口3.53万人，其中农业人口3.26万人；国土面积1680平方公里，耕地面积6.5万亩。2016年，全县地区生产总值13.3亿元，同比增长17.08%；社会固定资产投资37.56亿元，同比增长31.56%；地方财政一般预算收入1.87亿元，同比增长13.93%；社会消费品零售总额2.75亿元，同比增长10.44%；农牧民人均可支配收入11110元，同比增长10.3%。

---

① 吉麦东迪：卫茹10千户之一。

འདམ་གཞུང་རྫོང་།
当雄县

当雄县位于拉萨市西北部，东经90°45′—91°31′，北纬29°31′—31°04′，海拔4100米，地处念青唐古拉山北。"当雄"，藏语意为"挑选的草场"。吐蕃时期，当雄为卫茹当雪域参管辖。元朝隶属蔡巴万户府管理。明朝隶属搽里巴[①]都指挥使司管理。明末清初，蒙古族和硕特部固始汗曾率部驻扎当雄，后为西藏地方政府雪列空的羊八井营、达木牛[②]场营管理。民国时期设羊八井宗、玛林谿卡治理，属西藏地方政府卫区总管。

1956年4月，当雄地方设羊八井谿卡，隶属自治区筹备委员会拉萨基巧办事处管辖。1959年9月10日，当雄县人民政府正式成立，县政府驻当曲卡镇，辖5个区、29个乡。1980年乡改为公社。1984年恢复乡。1988年12月撤区并乡建镇。2000年，当雄县辖2镇、6乡、29个村民委员会、172个村民小组；现辖2镇、6乡、3个居委会、25个村委员会，总人口53437人，国土面积10234平方公里。2016年地区生产总值15.56亿元，同比增长16.4%；公共财政预算收入2.51亿元，同比增长25.5%；牲畜

---

① 搽里巴：指蔡巴万户。　② 达木牛：指当雄。

存栏 486703 头（只、匹）；虫草产量 444.13 公斤、贝母产量 4965.41 公斤、其他药材产量 1017.4 公斤；工业企业总产值 62779.2 万元，同比增长 54.36%；规模以上工业增加值 31665.00 万元，同比增长 27.5%。在旅游经济发展方面，按照"保护与开发并重"的原则，深度开发和重点保护了纳木错、羊八井地热温泉等重要旅游资源，接待国内外游客 64 万人次，实现旅游收入 6750.00 万元，服务业产值达到 1580 万元。

尼木县

尼木县地处拉萨市西北部、雅鲁藏布江中游北岸，东经 89°45′—90°30′，北纬 29°20′—30°00″，海拔 3818 米。"尼木"，藏语意为"麦穗"，古时该

词还有"顶端""肩顶"的意思。吐蕃时期，尼木一部分为卫茹所辖，一部分属叶茹①管理。13世纪，属香万户的势力范围。元代属乌斯行政区，元世祖时尼木已设宗。明朝系朵陇都指挥使司管理。清代由西藏地方政府的雪列空所设麻尔江②营、聂母③营共管，乾隆后期设为聂丹④宗。民国时期更名为尼木曼卡宗，属西藏地方政府卫区总管。

1956年4月，尼木曼卡宗改设为尼木曼卡豀，隶属自治区筹备委员会拉萨基巧办事处。1959年9月10日，尼木县人民政府正式成立，县政府驻地塔荣镇，辖13个乡。1970年乡改为公社后，调整为5个区、17个公社。1984年恢复乡，1988年12月撤区并乡建镇。2000年尼木县辖1镇、7乡、35个村民委员会；现辖1镇、7乡、32个村民委员会，总人口35257人，总面积3275.8平方公里。2016年地区生产总值为6.69亿元，同比增长4.6%；一、二、三产收入2.86亿元，同比增长9.9%；农牧人均可支配收入10254元，同比增长10.3%；地方财政收入11174万元，同比增长101.0%。

---

① 叶茹：吐蕃时期指军队的右翼，以日喀则南木林为中心的地域。② 麻尔江：指麻江。
③ 聂母：指尼木。④ 聂丹：指尼丹。

古村落

ཁྲི་ཁང་གྲོང་ཚོ།

赤康村

　　赤康村位于墨竹工卡县甲玛乡，东距墨竹工卡县 10 公里，西距拉萨市 60 公里，有乡村公路与 318 国道相连。甲玛沟一带，吐蕃时期称为"亚嫩札堆蔡"。公元 617 年，松赞干布出生在甲玛沟内的强巴米久林宫并在此长大，公元 629 年他继承赞普位，公元 635 年，松赞干布从甲玛强巴米久林宫殿率君臣、将士迁居至拉萨红山，修建布达拉宫，并在此发展了吐蕃政权。甲玛地方作为松赞干布的出生地从此名留史册，《西藏王臣记》《新红史》《汉藏史集》《卫藏道场胜迹志》等重要史书均记载了与之相关的内容。

　　12 世纪，藏传佛教噶当派在甲玛地方弘传，其中最大成就者属杰贡叔侄两师，他们"是一对成双的地上大菩萨，为利他而来受生"（《青史》），杰贡叔侄中的"叔"是杰贡巴大师，"侄"为卓衮·桑杰温大师。卓衮·桑杰温深受当地民众爱戴，传说当年卓衮·桑杰温为了寻访建寺传法之地，找遍西藏各地，最终认定此地乃百里挑一的好地方，"甲"意为"百"，"玛"意为母亲，此地从此定名。赤康地名最初则来源于元代在西藏分封的十三万户名,八思巴将第一万户称为赤嘎布,后来变音逐渐成了"赤康"。甲玛赤康村是萨迦王朝时期西藏十三万户长驻地和霍尔康贵族遗址所在地,村内仍保留着贵族庄园特有的建筑形式——古围墙、古佛塔、古寺庙等,处处烘托着该村浓郁的历史文化气息。近代,赤康村是爱国人士阿沛·阿旺晋美的出生地。2013年,赤康村被列入"中国传统村落"名录。

འཇའ་པ་ཉ་པའི་གྲོང་ཚོ།

俊巴渔村

"俊巴",在藏语里有时发音成"曾巴",意思是"捕手"或"捕鱼者"。俊巴渔村位于曲水县茶巴朗乡茶巴朗村2组,距曲水县城14公里,过去这里的村民主要以打鱼为生,他们不仅打鱼,而且吃鱼,吃法有生、煮、煎、炸、腌、晒等多种形式,在基本不吃水生动物的藏族民众中算是独树一帜。这里的村民在拉萨河里的鱼群繁殖不够时,还会背着牛皮船到处寻找有鱼的地方。村里几乎每家每户都有牛皮船,在漫长的历史长河中,有关牛皮船的文化随之逐渐繁盛。2007年俊巴牛皮船舞"郭孜"被列入西藏自治区第二批非物质文化遗产名录，2008年被列入国家第二批非物质文化遗产名录，2009年俊巴皮具制作技艺、俊巴鱼烹饪制作技艺列入西藏自治区第三批非物质文化遗产名录。2013年曲水县政府投资100万用于发展该村的渔业旅游并改造了大部分的鱼饮食文化餐厅；2014年"兴边富民项目"投资了200万元用于维修该村的通达道路及其他设施；2017年江苏省投资2千万元，用于建设俊巴渔村特色产业项目。经过多年的投资经营，俊巴渔村的历史与传统在现代经济与文化的发展中愈加凸显出自身的独特韵味。

吞达村

吞达村位于距尼木县城塔荣镇14公里，紧邻中尼公路，村域面积约20平方公里，村庄集中区为3.5平方公里，全村222户，1110人，有5个村民小组，除鲁热[①]5组在山上居住外，其余4个小组的村民居住在吞巴河河谷地带。该村水源丰沛，田地肥沃，

---

①鲁热，地名。据说是藏文创制者吞弥·桑布扎的出生地。

是以农业为主、农牧结合的村,小气候适宜种植青稞、小麦、豌豆、油菜、蔬菜等。

吞达村是藏文创始人吞弥·桑布扎的故居所在地,也是水磨藏香之源,也是传统手工藏香制作工艺的发祥地,其手工水磨生产藏香的工艺被评定为国家级非物质文化遗产,至今村内还完整保留着藏香水磨135座。以藏香生产为代表的第三产业对吞达村的农村经济总收入的贡献度最高。2014年,尼木县吞巴乡吞达村,吉隆县吉隆镇帮兴村、工布江达县错高乡错高村等3个村落入选中国历史文化名村名录,成为西藏首批入选中国历史文化名村的村落之一。

ཤུལ་གས་གྲོང་ཚོ།

雪拉村

雪拉村位于尼木县塔荣镇,是历史悠久的藏纸的主要生产地。藏纸作为中国造纸技术的一部分,具有独特的技术特色。据考证:尼木县藏纸产生于公元7世纪中期,随着吐蕃社会对纸品需求量的增加,尤其是佛经印刷用纸量的增加,刺激了西藏造纸业的发展，使藏纸及其相关技术得到一定的传播。尼木藏纸完全按照传统的手工工艺来制作，它的主要原料是当地一种有毒性的狼毒野草，藏语叫"日加"。尼木藏纸制作共有 6 道工艺，基本采用家庭式独家传承生产，其制作者要经过长期的实践操作才能学会。藏纸因具有久经岁月不遭虫蛀、无酸性、质地坚韧、耐折叠、耐磨损、耐腐蚀等特点而名扬区内外。到公元 21 世纪初，尼木县藏纸生产的工匠已由解放前的 16 户减少到现在的 1 户。尼木县人民政府针对此种现象采取了专门措施，加大了对传承藏纸制作技术的保护力度。

ཐོན་པ་གྲོང་།

吞巴乡

"吞"，是吐蕃时期的一个古老家族姓氏，该家族曾出现过多位在吐蕃政坛影响较深的人物，其中最著名的莫过于吞弥·桑布扎。吞巴乡，是尼木藏香的主要产地。千百年来，尼木县吞巴乡的村民依靠本地充足的水源、优越的气候、丰富的资源、别出心裁的工具以及独特的制作工艺和配方，生产出了闻名遐迩的"尼木藏香"。经过一千多年不断的创新和完善，尼木藏香已经发展成为现有的十几个不同品种，每个品种都有着不同的用途。藏香之所以流传下来，除了它的祭祀作用外，还与它的广泛用途有关。藏香中富含大量名贵的中草药，如藏红花、檀香、长松萝、安息香、冰片、干草等，与西藏藏药中的"熏疗法"一脉相承。藏香熏疗适合在各种场合使用，不仅香味四溢，更是对感冒及各种传染性疾病有很好的预防作用。公元 21 世纪初，在各级政府的重视下，当地藏香产业得到了快速发展，目前，全乡有数百人从事藏香生产制作。

ཕུ་གསུམ་ཞང་།
普松乡

尼木县普松乡，是著名的"雕刻之乡"，具有久远的刻写与印刷经文、雕刻风马经幡和多玛班丹的传统。雕刻是尼木县普松乡群众世代传承下来的一项古老技艺，享有盛誉，雕刻艺人在常年累月的钻研过程中不断对其进行丰富和发展。雕刻服务范围已从过去专为旧西藏上层进行宗教活动服务，发展成为现在广受游客青睐的旅游产品，雕刻内容也从最初的体现宗教活动、人物礼仪、自然风光等扩展到现在的社会生活等各个方面。普松雕刻形式多样、应用广泛，不仅有单一的文字雕刻，还有图文并茂的刻画。随着农牧区经济的发展，普松雕刻艺人队伍发展迅速，到公元 21 世纪初，该乡已有 106 名雕刻师和 494 名从业者，占全乡人口的 28.73%，为群众脱贫致富奔小康开拓了一片新的天地。

ཀླུ་ར་ཁ་གྲོང་ཚོ།
鲁热卡村

  鲁热卡村位于尼木县吞巴乡吞达村，是藏文创始人吞弥·桑布扎的出生地，他是吐蕃赞普松赞干布的七贤臣之一。2003年吞弥·桑布扎的故居在吞达村被发现，是吞巴乡村民白玛桑珠居住了30多年的农家院落。该故居约为60平方米的古宅，总体构造坚实稳固，屋内四壁都绘有壁画，壁画仍保存完整，颜色鲜艳，其中一幅描绘了吞弥·桑布扎向松赞干布敬献经书的情景。吞弥·桑布扎的故居原是一栋典型的藏式建筑，有两层，现只保存一层。

名山圣湖

གཉན་ཆེན་ཐང་ལྷ།
念青唐古拉山

　　念青唐古拉山位于当雄县宁中乡境内，主峰海拔7111米。在第三世纪末和第四世纪，念青唐古拉山受怒江断裂带和雅鲁藏布江断裂带的控制性挤压，断裂面上升，形成平均海拔6000米以上的高原山系，分割出雅鲁藏布江和怒江两条大水系的分水岭，同时将西藏分为藏北、藏南、藏东南三大地域。念青唐古拉山，在藏族群众的心目中是灵验的草原神，具有显著的神圣性。在苯教宇宙观中该山是世界形成时的九大神之一，也是历代赞普最崇拜的13位大神之一。念青唐古拉山神是世间护法神中最重要的一位。他原是西藏土著神灵，后来被莲花生大师收复为佛教护法神，是"十八掌雹神"之一，是财宝守护神，也是布达拉宫所在地红山的保护神。

ཇོ་མོ་གངས་དཀར།
琼穆岗嘎山

　　琼穆岗嘎山，位于拉萨市尼木县麻江乡朗堆村，海拔7048米，"琼穆"是"圣母"的意思，"岗嘎"是"雪山"的意思。该山东邻错那昂，南邻觉木错，属于念青唐古拉山系，是念青唐古拉山系南端最后一座高峰。此山号称是雪域高原永宁地母十二尊中的独具支眼地母，是尼木河的发源地和纳木错的水源之一。山上有藏传佛教宁玛派创始人莲花生大师的修行洞，山周围有十多处高山湖泊，其中最大的一眼湖泊是拉姆拉错。"拉姆拉错"在藏语中意为女神魂湖。以前这里有"观湖"和"转山"的习俗，山下是一片广阔无垠的草地，称德姆草原。每年藏历5月15日的赛马节就在此处举办，平坦的草原上矗立着四块巨石，其形态分别像炉灶、神医、圣佛、经幡，神韵各异、栩栩如生、浑然天成。在满山遍野的杂草丛中可窥见一块平躺的圆润石板，是自然而形成的康卓天葬台。

དམར་པོ་རི།
玛布日

玛布①日位于拉萨城关区老城区西面，与布达拉宫融为一体。由于此山的岩石呈暗红色，故称之为"玛布日"，"玛"即红色之意。拉萨市区有三座相邻的小山，这三座山被认为是三怙主②的神魂山：观世音的圣山玛布日，文殊师利的圣山崩瓦日，持金刚的圣山加布日。公元7世纪，松赞干布为了吐蕃的强盛，将政治军事中心从山南雅砻正式迁往拉萨，在玛布日上建造了白宫。据五世达赖喇嘛所著《西藏王臣记》记载："在红山上被三堵城墙包围的城廓中有九百九十九间宫殿，加上红山顶上的一间宫殿，红山上共有一千间宫殿。"在接下来的900多年时间里，这些宫殿曾遭到火灾和雷击的破坏，最后仅剩下"帕巴佛殿"③和"曲杰主甫"④。公元1642年，甘丹颇章建立，五世达赖喇嘛正式成为统领全藏的法王，他下令第司索朗饶登于公元1645年修建了以"帕巴佛殿"和"曲杰主甫"为核心的布达拉宫白宫建筑群。公元1690年，摄政王第司·桑杰嘉措又在布达拉宫原有的规模上进行了再次扩建，才有如今的布达

---

① 玛布：指红色。② 三怙主即密宗事部三怙主：佛部文殊、金刚部金刚手和莲花部观世音。③ 帕巴佛殿：帕巴是藏语，一般放在佛、法、僧各个名称前后，以示尊敬。④ 曲杰主甫：法王修行洞。

拉宫建筑群规模。

ཨགས་པོ་རི།
加布日

加布日位于城关区布达拉宫西南侧，汉语称之为"药王山"。此山称之为"加布日"的原因，一说是尼泊尔公主将自己的宫殿围成墙延伸到此山而得名；另一种说法是此山形态如同布达拉宫的围墙而得名。公元17世纪末，第司·桑杰嘉措为发展藏医，在山上修建门巴扎仓院，从各寺选拔僧人来此学习医药知识，因此里面供有蓝宝石的药王佛像。

ངོང་བ་རི།
崩瓦日

  崩瓦日位于城关区布达拉宫西南侧，由于此山不同于药王山及红山的险峻地势，而更像是平缓娇小的小土坡，因此得名"崩瓦日"。由于这座小山形似磨盘，因此，清朝驻藏官员又将其称为磨盘山。此山上建有"关帝庙"，是西藏五座关帝庙之一。

ཟུམ་པ་རི།
本巴日（宝瓶山）

  本巴日位于城关区慈觉林，由于此山形状酷似放置在拉萨河边的宝瓶，因此得名。据说，拉萨是由象征八个吉祥图案的山形包围的福地。宝瓶是八大吉祥图案之一。本巴日形似宝瓶，正是包围拉萨城的吉祥八瑞[①]山之一。

[①] 吉祥八瑞：即藏语扎西达杰。

ཏུང་རྫི་རི།

东孜山

　　东孜山位于林周县强嘎乡和春堆乡交界处，擎天独立，巍峨壮观。山前如泥塑擦擦①，细观似胜乐之宫，背面像金刚亥母。相传东孜山有108种树、108处泉、108座修行洞，是绝佳的修行地。东孜山四周有噶当派善知识夏热瓦②的夏寺、弥勒化身祥·纳囊多吉旺久③建成的杰拉康寺、萨迦派九大佛学家之一绒敦·释迦坚赞的那兰陀寺、达龙噶举派祖寺达龙金刚等，地相殊胜。各地信教群众每逢藏历猴年有转东孜山的习俗。

---

① 擦擦：指一种小模型的泥佛或泥塔。② 噶当派善知识夏热瓦：指藏传佛教噶当派著名高僧夏热瓦。③ 祥·纳囊多吉旺久：指藏传佛教后弘期著名高僧，曾拜阿底峡为师。

མི་ལ།

米拉日

米拉日位于墨竹工卡县日多乡东南，海拔 5018 米，距离墨竹工卡县城 78 公里。米拉山亦称"甲格江宗"，意为"神人山"。站在山口，山风劲吹，蓝天白云下，五彩经幡在大地与苍穹之间飘荡摇曳，连地接天。这是拉萨市与林芝市的分界山口，也是拉萨到林芝旅游线上的一个休憩之地，更是东南面的尼洋河水系和西北面拉萨河水系的分水岭。山口处常年积雪，有远古时期冰川活动的遗迹。G318 川藏公路国道经过此山口。

ལྷ་ས་སྐྱིད་ཆུ།
拉萨河

　　拉萨河位于拉萨市南面,原名"吉曲藏布",意思是舒适之江,现称为"吉曲",意为"快乐河""幸福河",是雅鲁藏布江中游的一条较大的支流,也是拉萨市的母亲河。拉萨河发源于念青唐古拉山脉麦地卡湿地,流经林周、墨竹工卡、达孜、城关区、堆龙德庆,至曲水县汇入雅鲁藏布江,全长568公里,流域面积31760平方公里,最大流量2830立方米/秒,最小流量20立方米/秒,年平均流量287立方米/秒,海拔高度由源头5500米到河口3580米,是世界上最高的河流之一。此河水水源以融雪和雷雨为主,水量的大小随着温度的高低、降水量的多少而变化,拉萨河流经的地区,气候温和,地势平坦,土质较厚,水源充沛,是西藏粮食主要产区之一。

གནམ་མཚོ།
纳木错

　　纳木错位于西藏自治区中部，拉萨市当雄县和那曲市班戈县之间，湖面海拔 4718 米。"纳木错"为藏语，蒙古语称为"腾格里海"，都是"天湖"之意。纳木错是西藏的"三大圣湖"[1]之一，是我国第二大咸水湖。据历史文献记载，此湖像蓝天降到地面，故称"天湖"。当地群众则认为因湖面海拔很高如同位于空中，故称"天湖"。纳木错东西长 70 多公里，南北宽 30 多公里，面积 1920 多平方公里。

　　早期的科学考察认为，纳木错的最大深度为 33 米，但最近两年对湖泊的重新测量发现，纳木错最深处超过了 120 米，蓄水量 768 亿立方米，为世界上海拔最高的大型湖泊。

---

[1] 三大圣湖：指羊卓雍错、纳木错、玛旁雍错。

གཞུང་ཆུ།
安岗热水河

　　安岗热水河位于尼木县塔荣镇安岗村,是一条几乎全部由温泉流汇集而成的河,因而被人们称为"热水河"。河水温度一般在81.5℃,误入其中非常危险,附近地温也在57℃左右。热水河流出几公里以外水温仍在20℃以上。

ག཮ིན་བྲ་མཚོ།
思金拉错

　　思金拉错位于墨竹工卡县日多乡东南，山南桑日县增期乡以北，距川藏公路约 6 公里，距墨竹工卡县城 66 公里，海拔 4900 米，当地群众称其为"财主百龙之王"居住的神湖，也叫"财神湖"。思金拉错地形犹如聚宝盘，四周群峰簇拥，山脉相连，气势峥嵘、风景如画。山顶冰雪岭玉，山腰森林茂盛，山脚草地百花争艳，有雪莲花、金腰子、冬虫夏草、黄连等珍贵药材。山间随处可见雪鸡、高原山鹑、岩羊、鹿、麝等，有时还会看到狼、棕熊、雪豹等野生动物。

　　思金拉错东面山犹如驻有十六尊罗汉，东南边还可看见雪域著名的摸顶山，供世人膜拜。思金拉错南边山脉犹如供奉的曼荼罗，西边山脉犹如大象背上的宝座。在它的四周小湖泊星罗棋布，每个小湖都有不同的象征意义和历史渊源。在东面有象征五步空行的五个小湖，南面有象征六趣[①]的六个小湖，西面有象征八尊古如[②]（莲花生大师八大变化身）的八个小湖，北面有象征"三怙主"的三个小湖。

---

① 六趣：是指六道轮回。② 八尊古如：指藏传佛教宁玛派对莲花生常用的八种变化身。

མཚོ་ར་རོད།

措热湖

措热湖位于墨竹工卡县唐加乡卓普境内,据说"措热湖"是观音菩萨的魂湖。"措热湖"附近有天然生成的观音山,平时引来不少群众前往朝拜。

ཨོད་གར་མཚོ།

卧噶错

卧噶错位于墨竹工卡县扎西岗乡巴洛斯索境内,相传莲花生大师曾在此地降伏妖魔。每年的藏历6月4日至15日是朝拜神湖的最佳时间,吸引着本地群众和全国各地游客纷纷前来。

གཞོང་པ་ལྷ་ཆུ།

雄巴拉曲

　　雄巴拉曲位于堆龙德庆区乃琼镇色玛村雄巴拉曲寺内，传说泉水是莲花生大师用佛仗凿出的一眼甘泉。在凿泉时，莲花生大师对众人说："神泉即涌，端盆来"，"雄巴拉曲"之名由此而来，"雄巴"在藏语中意为容器，"拉曲"即神水。泉水从地下流淌出来形成一大一小两个池塘，深度约1~16米，南北宽度约10~40米，东西约5~50米。该泉的出水量不仅能满足附近居民的饮用水，还能满足周边区域供水。泉水流出口装有水轮转经筒，铃声、流水声不绝于耳。

འཇའ་ཚོན་ཆུ་མིག

加村曲米

加村曲米位于拉萨市城关区巴尔库路，“加村”在藏语中意为彩虹，“曲米”意为泉水，合意为彩虹泉水。每年夏季雨过天晴之时，这里常常出现一弯亮丽的彩虹，彩虹的一头在娘热沟东边山脚，另一头恰好在加村曲米水池中，因此称之为“加村曲米”。

ཆུ་བཟང་ཆུ་ཚན།

邱桑温泉

　　邱桑温泉位于堆龙德庆区德庆乡曲雄河谷内，海拔4054米左右，相传格鲁派创始人宗喀巴大师曾在此沐浴。泉水清澈透明，含有硫黄、雄黄、石炭等多种矿物质和锂、钡等元素，具有微量放射性，对皮肤病、风湿病、关节炎、胃病、高血压等疾病具有一定疗效。

ཀྱེར་སྒྲུམ་ཆུ་ཚན།
德仲温泉

德仲温泉位于墨竹工卡县门巴乡德仲村境内。德仲温泉海拔约4500米，具有1400多年历史。相传莲花生大师曾在此地珍藏过许多佛经和宝物，因而称之为德仲，"德"是矿的意思，"仲"是柜或箱的意思。德仲温泉一带山清水秀，草木茂盛，空气新鲜，山石峭壁，加之百灵鸟、画眉、鹌鹑、马鸡、岩羊等成群结队，构成了别具一格的优美环境。

据说德仲温泉最初由莲花生大师发现，原本德仲寺前面是一片有毒的湖，并且被罗睺罗[①]、恶鬼、妖龙等堵住了湖水。莲花生大师路过此地，见此情景，心想如果继续放任不管，将来周围村落将被毒水淹没。因此，莲花生大师下令直孔阿齐[②]用铜镜横切岩石，但是这种做法拖延误事，最后便用金刚杵打了山洞，让毒水流走，又在地下放了很多矿石，将毒水变成了药水。德仲温泉分内外两部分，男泉在内，女泉在外。内泉由石头砌成高约3米围墙，面积大约20平方米，外温泉面积大约30平方米，深度大约为0.3米，水温

---

① 罗睺罗：指九曜之一。② 直孔阿齐：指直孔地方的神女阿其。

约 40℃—41℃左右，水色清澈无异味，适宜沐浴。至今，这个温泉都还保持着天然原始的状态，喷量充足，深浅适宜。经检测该温泉水中含有多种对人体有益的矿物质，可以治疗胃溃疡、肾虚、浮肿、风湿性关节炎、类风湿、躯体僵硬、皮癣、疮、痛、疥神经溢脓等多种疾病，还有疏通经络、调和气血、消除病症等疗效。大多病症一般疗程为一周，春夏秋冬四季均可沐浴。

日多温泉

日多温泉位于墨竹工卡县日多乡境内318国道旁，距市区128公里，交通方便，海拔4300米。据藏史记载，日多温泉在千余年前既有直接利用的历史，藏传佛教《五部遗教》记载，当年莲花生大师亲临日多温泉沐浴后曾说：在此沐浴，能洗掉人以往的罪孽，能洗净人的灵魂，能激发人做出有利于他人的好事情，能给人带来好运，此水乃"神水也"！浴之，可令人心旷神怡，有"起死回生之效"，并能"调节人之气血阴阳"，常浴能积人间之功德而引发"利他人之心，以获来世之佳运也"。日多温泉还遗留有"神门"及"度母乳液"。吐蕃时期形成的藏传医典《晶珠本草》及《四部医典》伟著中也多有提及，称该温泉为"神灵之液"能洗"贪、嗔、痴、怠、嫉"五毒，"饮之，灵魂可得洗礼；浴之，肌肤可得洁净"，具有治疗皮肤、关节、风湿、神经、心肺血管及妇科杂症等一百零八种疾病，被誉为"八功德之甘露"，为此，数百年来，到此地沐浴、取水之人络绎不绝。

ཡངས་པ་ཅན་ཆུ་ཚན།
羊八井温泉

　　羊八井位于当雄县羊八井镇，海拔 4300 米，南北两侧的山峰均在海拔 5500—6000 米以上，山峰发育着现代冰川，藏布曲河流经热田，河水温度年平均为 5℃，当地年平均气温 2.5℃，大气压力年平均为 0.06 兆。地热田面积 17.1 平方公里，温泉、热泉、沸泉、喷汽孔、热池、热爆炸穴星罗棋布。羊八井地热电站是我国目前已探明的最大高温地热湿蒸汽田。另外村庄下面有几座温泉，对治疗浮肿病等效果明显。

寺庙

ཕོ་བྲང་པོ་ཏ་ལ།
布达拉宫

布达拉宫位于城关区玛布日山，即红山上。"布达拉"为梵语音译，意为"普陀"，汉语称"普陀山"。布达拉宫始建于公元7世纪，距今已有1300多年的历史，是西藏现存最大最完整的古代宫堡式建筑群。属全国重点文物保护单位。

公元635年，松赞干布调动西藏百姓在红山上建造了999间宫殿，连同山顶红楼共1000间。后来，由于天灾人祸，松赞干布时期修建的布达拉宫没能完整保留下来，先是在赤松德赞时期遭受雷击引起火灾，继而在吐蕃末期毁于兵乱。法王洞和观音殿"帕巴拉康"是当年的遗存。公元1645年，五世达赖阿旺洛桑嘉措下令第司·索朗绕登主持修建了以"法王洞"和"帕巴拉康"为核心的布达拉宫白宫建筑。公元1653年五世达赖喇嘛·阿旺洛桑嘉措从北京返回西藏后，便从哲蚌寺移居布达拉宫，从此白宫成为历代达赖喇嘛起居的宫殿。1690年，第司·桑杰嘉措修建了红宫及五世达赖喇嘛的灵塔等附属建筑。七世达赖喇嘛格桑嘉措时期，修建罗布林卡作为夏宫，从此布达拉宫成为历代达赖喇嘛的冬宫。以后，历世达赖喇嘛增建了5个金顶和一些附属建筑，特别是1936年藏历火鼠年，十三世达赖喇嘛的灵塔殿建成后，形成了布达拉宫今日的规模。

布达拉宫主体建筑主要以白宫和红宫两部分组成，白宫为达赖喇嘛生活起居和举行政治活动的地方，红宫为历代达赖喇嘛的灵塔。从五世达赖喇嘛至1959年十四世达赖出逃印度的300多年间，布达拉宫是清朝和民国时期西藏地方政教合一制的主要机构之一。

1994年布达拉宫被联合国教科文组织列入世界文化遗产名录。2015年8月，通过《西藏自治区布达拉宫文化遗产保护管理条例》，作为世界文化遗产的布达拉宫将得到进一步的有效保护。

འབྲས་སྤུངས་དགོན།

哲蚌寺

哲蚌寺坐落于城关区西郊格培乌孜山南麓的山坳里，位于城关区金珠西路街道办事处当巴社区。"哲蚌"藏语意为米堆或吉米，全称"吉祥米聚十方尊胜洲"。公元

1416 年明永乐 14 年，由藏传佛教格鲁派祖师宗喀巴·洛桑扎巴的亲传弟子绛央曲吉·扎西班丹兴建。建寺初期规模较小，设有郭芒、洛色林、杰巴（或称推桑木林扎仓）、夏果尔、堆瓦、德央、阿巴 7 座扎仓，分别由绛央曲吉的七大弟子主持。以后历经扩建，7 座扎仓合并为洛色林、郭芒、德央、阿巴 4 座扎仓[①]。其中，洛色林扎仓下设 24 个康村，郭芒扎仓下设 16 个康村[②]，德央和阿巴扎仓没有设立康村，各康村又下设众多米村。哲蚌寺总占地面积 25 万平方米，与甘丹寺、色拉寺合称拉萨三大寺。

哲蚌寺建筑主要由措钦大殿、4 个扎仓和甘丹颇章等部分组成。各部分又有其各自的康村、僧舍等附属建筑，形成结构严密的建筑单元。每个建筑单元内部基本上分为三个地平层次：即院落地平、经堂地平和佛殿地平，形成了由大门到佛殿逐层升高的格局。寺内收藏大量的历史文物、佛教经典、法器、供器、唐卡及各类工艺品，1982 年被列为全国重点文物保护单位。民主改革至今，国家已投入大量资金多次对该寺文物建筑进行了保护维修，同时对哲蚌寺生活、消防用水和排水系统进行了改建。

哲蚌寺每年举行法会、传统宗教活动和小型诵经等集体佛事活动。哲蚌"展佛"和哲蚌"鲁崩"（意为十万龙王）是该寺两个大型佛事活动。哲蚌展佛一般在"雪顿节"，那时哲蚌寺僧人举行夏季法会，每年藏历 6 月 30 日为僧人提供酸奶。这天早上，僧人们从哲蚌寺大经堂迎请巨幅唐卡，肩扛至寺庙西面的朗钦日（大象山）展佛台上展示，供信众前往瞻仰。和平解放以来，雪顿节已成为广大人民群众盛夏最欢乐的节日。改革开放以来，拉萨市政府在雪顿节期间定期开展文化交流、经济协作、投资洽谈、招商引资、旅游推介、宣传拉萨等丰富多彩的活动。

---

① 扎仓：为各寺主要组成部分。藏传佛教内有严格的习经制度，没有专门研究佛学学科的学院。② 康村：为寺中基层组织。藏传佛教组织机构，按地域划分的组织，是寺院扎仓的下属组织，按地域划分由同一籍贯僧众组成。

སེ་ར་དགོན།
色拉寺

色拉寺位于城关区北郊色拉乌孜山南麓，距市区约5公里。"色拉"意为"野玫瑰"，传说山下原长满玫瑰树，因而得名。色拉寺全名"色拉大乘洲"，由藏传佛教格鲁派祖师宗喀巴·洛桑扎巴大师亲传弟子大慈法王·释迦益西于公元1419年兴建。创建后的40多年间，先后形成了甲、仲顶、堆巴、麦巴四个扎仓，后来逐渐演变为吉、麦巴、阿巴三个扎仓及35康村。全寺占地面积为114964平方米，与甘丹寺、哲蚌寺合称拉萨三大寺。目前，色拉寺管委会下辖扎基寺、帕邦喀、策门林等9个分寺。

色拉寺主要建筑有措钦大殿、吉扎仓、麦扎仓、阿巴扎仓及康村。寺院的建筑密而不挤，杂而不乱，因地制宜，主体突出，体现了格鲁派大寺院的特色风格。

寺内藏有大量的珍贵文物，其中以明成祖赐给释迦益西的《大藏经》、檀香木雕刻的十八罗汉、四大天王以及释迦益西的彩色缂丝像、用金汁抄写的《甘珠尔》[1]和《丹珠尔》[2]经典、古代盔甲等最为珍贵，1962年该寺被列为西藏自治区重点文物保护单位。

色拉寺为藏传佛教格鲁派主要寺庙之一，与兴建该寺庙的释迦益西有直接的关系。释迦益西是宗喀巴的大弟子之一，是格鲁派重要人物。公元1409年明永乐7年，公元1414年明永乐12年，明成祖先后两次遣使进藏迎请宗喀巴进京。宗喀巴大师因年

---

① 甘珠尔：汉语为佛说部。② 丹珠尔：汉语为注疏部。

老体弱又忙于建寺传教不便离开,便派遣他的高徒释迦益西前往南京觐见永乐皇帝。释迦益西于公元1414年明永乐12年和公元1434年宣德9年先后觐见明成祖和明宣宗,被受封为"大国师"和"大慈法王",藏语称为"绛钦曲吉",此后该封号也被人们用来尊称释迦益西。

色拉寺每年举行法会、传统宗教活动和小型诵经等集体佛事活动。其中每年藏历6月30日,举行色拉雪顿,展示巨幅唐卡,供僧俗信众瞻仰。藏历12月27日,举行"色拉崩坚"③,"崩坚"意为朝拜宝橛。

གཙུག་ལག་ཁང་།

大昭寺

大昭寺位于城关区老城区中心。公元617—650年,吐蕃赞普松赞干布时期,佛教正式传入西藏,松赞干布先后迎娶了尼泊尔的赤尊公主和唐朝的文成公主为妃,修建了大昭、小昭和昌珠等为主的12座镇魔庙宇,这些庙宇藏语称作"拉康"。随着

---

③ 色拉崩坚:指朝拜色拉寺金刚橛。

藏传佛教日益兴盛，大部分佛殿逐步扩大为寺庙的规模，大昭佛殿成为大昭寺，至今已有1300多年的历史。

大昭寺以主供释迦牟尼12岁等身佛像而闻名于世。大昭寺在藏语文献中有几种不同的称呼，"觉康"意为"释尊殿"；"热萨祖拉康"意为"山羊驮土三藏殿"，"热"在藏语中意为山羊，"萨"为土。公元1409年明永乐7年，宗喀巴大师在拉萨开创"莫朗钦波"传召大法会，继而该寺又被称作"大昭寺"。

在大昭寺初建至今的历史长河中，历代中央政权的西藏地方政府及高僧大德不断注资修建、扩建，才形成了今天的规模。大昭寺建筑总面积2.15万平方米，藏式石木结构，主体建筑为三层、附属建筑为二层，主体建筑四个角落筑有四件护法神殿，主体建筑楼顶用四座金光闪闪的金顶、若干鎏金黄铜雕饰的胜利宝幢、法轮双鹿和毛制伞盖装点。主楼三层外墙墙壁四周全是鎏金黄铜飞檐，檐面上的浮雕百尊佛像和装饰图案生动、精细，大昭寺建筑的女儿墙均用褐色的边贝墙装饰，与雪白的粉墙构成鲜明对比。大昭寺主殿为三层，正门左右两侧、露天道法场北面以及东北侧为三层，其余附属建筑均为二层。

清代建立西藏地方甘丹颇章政权后，大昭寺被确立为藏区最重要的佛堂进行了不断的修善和扩建，并在很多历史波动中保护大昭寺免遭破坏，其管理直接隶属西藏地方政府，噶厦政府的机构也设在大昭寺。公元1792年乾隆57年，为整肃活佛转世中存在的弊端，设置"金瓶掣签"制度，特制的"金本巴瓶"放置于大昭寺。自建立金瓶掣签制度至清末共认定转世灵童91位，用金瓶掣签的有76位。新中国成立以来，第十世班禅额尔德尼转世灵童和第五世德珠活佛的转世灵童沿用了"金瓶掣签"认定，得到了西藏广大僧俗信众的热烈拥护。

1961年国务院公布大昭寺为全国重点文物保护单位；2000年大昭寺被联合国教科文组织作为布达拉宫扩展延伸项目列为世界文化遗产，而被列入《世界文化遗产名录》。

ར་མོ་ཆེ་གཙུག་ལག་ཁང་།

小昭寺

　　小昭寺位于城关区吉崩岗热木其社区，始建于松赞干布时期。小昭寺是文成公主召集中原工匠，按照中原寺庙建筑风格修建的。寺庙金顶光辉如虎皮，故称为"甲达热木其祖拉康"，意为猛虎大院寺。著名的拉萨"上密院"，其正门朝东。小昭寺建筑面积4000平方米，寺内主要供奉了释迦牟尼8岁等身像，另藏有诸多珍贵文物。1962年被西藏列入自治区重点文物保护单位，2001年列为全国重点文物保护单位。

ནོར་བུ་གླིང་ག

罗布林卡

　　罗布林卡位于城关区罗布林卡路，意为"宝贝公园"。该地原为一片柳林，清驻藏大臣为七世达赖喇嘛修建了凉亭"乌尧颇章"后，公元1755年，七世达赖喇嘛又在其东侧建起格桑颇章，并改称罗布林卡。这座典型的藏式风格园林是此后历代达赖喇嘛消夏理政的夏宫。公元18世纪至今的200多年间，罗布林卡历经不断改建，现全园占地36万平方米，园内有植物100余种，不仅有拉萨地区常见花木，而且有取自喜马拉雅山南北麓的奇花异草，还有从内地移植或从国外引进的名贵花卉，堪称高原植物园。罗布林卡内建筑以格桑颇章、金色颇章、达登明久颇章为主体，有374间房屋建筑，是西藏人造园林中规模最大、风景最佳、古迹最多的园林。1982年，罗布林卡被国务院批准为全国文物重点保护单位，2000 年，申报为世界文化遗产。

གནས་ཆུང་དགོན།

乃琼寺

乃琼寺位于城关区格培乌孜山腰上，与哲蚌寺相邻，是藏传佛教重要寺院之一，由第司·桑杰嘉措于公元 1681 年修建，寺院主供乃琼护法神及其神魂树。乃琼大喇嘛是原西藏地方政府甘丹颇章时期重要神巫之一，在活佛转世等方面起到过重要影响。

ཕ་བ་གླིང་ཨི་སི་ལམ་ཕུག་ཁང་ཆེན་མོ།
河坝林大清真寺

　　河坝林大清真寺位于城关区河坝林社区。拉萨有两座清真寺，河坝林社区的清真寺为大清真寺，八廓街道办事处绕色社区的清真寺为小清真寺。大清真寺曾名"巴然玛吉"，当地藏族称其为"甲卡其拉康"或"卡其恰康"。历史上大清真寺的信众主要以拉萨做生意的穆斯林商人和一批进藏击退廓尔喀侵略军的清朝官兵的后裔为主。他们聚居于拉萨河坝上，逐渐形成穆斯林信众聚集的地方，其中部分穆斯林与藏族通婚，在河坝林修建了一座清真小寺，后来这座小寺与扎基清真寺合并扩建形成今天的规模，是西藏境内历史最悠久的伊斯兰教活动中心。

　　河坝林大清真寺始建于公元17世纪，后来进行过多次修缮。公元1716年扩建一次，当时占地200多平方米；1793年进行了较大规模的再扩建，占地面积达2300多平方米；1960年政府出资按原规模样式重建。现在这里不仅是拉萨穆斯林群众的主要宗教活动场所，也是信仰伊斯兰教的外宾们来拉萨旅游时的礼拜之地。2002年西藏自治区人民政府、拉萨市人民政府各投资50万元对其重新扩建，并开展寺庙法制宣传教育，2009年组建了由13人组成的寺庙民主管理委员会，成为全国著名百家清真寺之一。河坝林大清真寺1990年曾被评为平息骚乱先进集体称号，1994年荣获西藏自治区政府爱国守法先进寺庙，2000年荣获国家伊斯兰协会全国模范清真寺称号。

ཚལ་གུང་ཐང་དགོན།
蔡公堂寺

蔡公堂寺，位于城关区蔡公堂乡，系蔡巴噶举派祖寺，由喇嘛尚·尊追扎巴创建。喇嘛尚·尊追扎巴公元12世纪初出生于蔡公堂乡加冲村，拜上师多人，学成后广扬佛法，并成为蔡巴噶举派的创始人。尊追扎巴分别于公元1175年藏历第三饶迥木羊年和公元1187年火羊年修建了阳宫寺和公堂寺，两座寺院为该派祖寺。

公堂寺，在蔡巴万户时期是当时的统治中心所在地，坐北朝南，二层庭院式结构，建筑主要围绕大殿而建，由释迦牟尼殿、多闻天王拉康、护法神殿等组成。原建筑在公元1546年的一场大火中被毁所剩无几，公元1549年在素尔·曲英让卓的主持下，新建筑在原址上得以重建，目前我们所能见到的即为公元1549年重建后的遗存。

གསང་ཕུ་ནེའུ་ཐོག་དགོན།

桑普寺

桑普寺位于柳梧新区桑普村，该寺全称圣桑普乃鄂托寺，由尊者阿底峡大师门下库俄仲三大弟子之一俄·勒贝喜饶始创于公元1073年。相传一日，阿底峡大师手指桑普方向，对其弟子俄·勒贝喜饶言："此谷两旁山川气势独特，有右旋法螺之形，也有佛祖在审视弥勒与文殊菩萨谈经论法之姿，尽显吉相。你若留此祥瑞之地，定将能弘扬佛法。"弟子恳求大师将此谷隐瞒于他人，故，此地取名为"桑普"，意为"神秘之谷";建寺期间,曾有乃鄂鸟叼来一祥物,故寺名又称"桑普乃鄂托"。

俄·勒贝喜饶创建桑普寺时,集聚有500多名僧人,之后,勒贝喜饶在此寺开创授受五部大论的先河,后来恰巴·却吉森格又在此始创摄类学,从此该寺成为西藏内外学佛者的向往之地,大批学者从卫藏、康堆、康麦等地涌往本寺,人数多时曾高达上万,桑普寺从而成为卫藏地区六大噶当派圣地之一,曾享有"桑德贡,嘎觉苏"之誉。正因为桑普寺是藏区寺院辩经的源头之地,巴俄·祖拉陈瓦把桑普寺喻为"一切闻思之源"。桑普寺曾拥有11所扎仓。其中,贝萨、尼玛唐、南木罗达普扎仓、朗杰赛康、库贝被称为五大林堆扎仓,西帕、亚绒、乃果帕、新旧追氏扎仓、热堆、热麦等被称为林麦六大扎仓。11所扎仓中有7所是萨迦派,4所是格鲁派。公元12世纪,在桑普寺,萨迦五祖之二索南孜摩曾拜谒恰巴·却吉森格为师研习般若、量论、摄类学。公元14世纪,宗喀巴大师在桑普寺堪布森格日旁处闻思《释量论》,并游方辩释四论。历史上,桑普寺培育出了以荣顿·玛韦森格为代表的诸多学者,其中不仅有噶举、萨迦、格鲁派著名学者,而且帕珠·多吉杰布、噶玛巴·堆松钦巴、隆钦绕绛巴、苯教大师西饶坚赞等也涉足桑普而名誉天下。桑普寺成为教派无分别的闻思之圣地,素有"所有教派无不继承俄大译师的法脉"之说。后来,部分扎仓进行了整合,也有部分已迁居异地,现桑普寺除了夏季法会外,只有为数不多的僧人。每年藏历4月份11所扎仓的僧人齐聚桑普寺,在夏季法会上集体闻思般若、量论、摄类学,其间将会颁发格西学位。桑普寺夏季大法会一直沿袭至今。另外每年藏历12月,桑普寺会举行革幡大法会[①]。

改革开放以来,中国民族宗教政策得到落实,不同教派掌管的寺庙都得到了相应的修复和新建,桑普寺的修复和新建工作也连年都有进展。1984年桑普寺主殿获得新修建。2003年热麦扎仓获修建。在2011年桑普寺被列入西藏自治区级重点文物保护单位后,政府于2017年又投资200多万用于维修主殿。

---

① 革幡大法会:指立经幡旗杆仪式。

རུ་བ་དགོན།

如寺

　　如寺位于尼木县普松乡如白村，藏语"如"是指部落，如寺另称有如巴寺、乳白寺、如白寺、白丹敏珠曲典寺等。该寺最早起源于7世纪松赞干布时期，为文成公主创建大昭寺等十二座镇魔庙宇之一的乳措卡巴庙，至今已有1300多年历史。公元9世纪，吐蕃达玛乌东赞普[①]灭佛运动时，乳措卡巴庙不幸被毁。

　　后来，夏鲁派继承人古香·扎西坚参来到此地，甚觉殊胜，留下广行佛法。他的母亲去世后，古香·扎西坚参为其母建造了身、语、意[②]之所依，身之所依是从魂湖中显现的吉祥时轮之立体坛场，语之所依是《时轮根本经诠释》等经书，意之所依是该寺左右两边分别修建的9层和7层高菩提塔。如寺从此繁盛，在鼎盛时期僧侣有一千之多。如寺原有四个建筑群，分别是夏林扎仓、鼎巴扎仓、林堆扎仓和强扎仓，后来只剩鼎巴扎仓用于传扬佛法。1985年拉萨市民宗局批准将其修复开放。如寺现占地面积3170平方米，拥有弥勒佛像、年轮环系等2件国家一级文物、12件国家二级

---

① 达玛乌东赞普：是对朗达玛赞普的实名称呼，朗达玛是佛教界对他的贬称。
② 身、语、意，即行动、言语和思维。

文物。目前，该寺庙属于自治区级可移动文物保护单位。

བེ་རོ་དགོན།
比如寺

　　比如寺位于尼木县塔荣镇巴古村，海拔3815米，属宁玛派，寺名取藏族著名译师比若遮那之名，是一座尼姑寺。寺庙占地面积800平方米，距离县城2公里。很多当地群众称此寺为尼木琼，因莲花生大师曾在比如寺所在山顶部的山洞内修行6个月，该寺主供佛亦以莲花生大师为主。在历史上比如寺内尼姑最多时有近20名，总体规模较小，但在当地群众中影响很大。

　　比若遮那或称毗卢遮那，是西藏历史上"预试七人"（"七觉士"）之一，公元760年左右出生于尼木地方更甲巴古家，即今天的尼木县塔荣镇巴古村。他是吐蕃赤松德赞最初选拔的预试七人之一，也是吐蕃早期著名的三大译师之一，对当时佛教在藏区的传播起到了一定的推动作用。

འགྲོ་བ་མཆོད་རྟེན་དགོན།

卓瓦曲典寺

　　卓瓦曲典寺位于尼木县尼木乡日措村，藏语中"卓瓦"是指众生，"曲典"是指佛塔。原先寺庙现址上只有一个卓瓦佛塔，该佛塔是一座天然形成的石头塔，据传这种天然形成的佛塔在雪域高原上只有两座。传说一天一位孕妇来此，在其中一座还未"长"成的石塔上坐着歇息了一会儿，结果那石塔竟被坐死，停止了生长。1980年，桑旦央孜尼姑寺的尼姑们前来该处修行，逐渐扩建出12柱宽的尼姑寺，即现在的卓瓦曲典寺，她们奉持噶玛噶举派。

　　在卓瓦曲典佛塔岩壁上有自成二十一度母及藏文三十字根中的"啊"字，现成为信教群众、朝佛人员对本寺信奉的主供佛。卓瓦曲典寺，现有大殿及转经廊170多平方米，大殿壁画上有"四大金刚""无量佛"等画像，在旧殿堂内主要有莲花生大师佛像，左右摆放两种唐卡像。

༄༅། །རྡོ་རྗེ་གླིང་དགོན།

多吉林寺

　　多吉林寺位于当雄县格达乡央热村，由噶玛巴·堆松钦巴于公元1110—1193年间修建，奉噶玛噶举派，文革时期受到严重破坏，公元20世纪80年代在原寺废墟上新建了大殿、僧舍、伙房等。多吉林寺由大殿、僧舍、接待室等组成，建筑面积为1038.256平方米。寺庙依山而建，大殿坐西北朝东南，藏式平顶土石木结构，大殿底部由门廊、门廊侧房、经堂组成，经堂顶部后侧为采光天窗。墙壁上绘有壁画，经堂内主供有泥塑莲花生大师像等。大殿二层为噶玛巴活佛寝殿。僧舍位于大殿东北、北、东南、南、西南处，共计32间。伙房位于大殿南侧约3米处，接待室位于大殿西南侧3米处，商店位于大殿南约8米处。

康玛寺

　　康玛寺位于当雄县公塘乡冲嘎村 2 组西北约 500 米处。公元 17 世纪，固始汗及其后裔把当雄地方作为消夏之用，期间，固始汗曾孙拉藏汗在此捐资修建玛尼拉康。之后，仓追·洛桑尼玛大师于公元 1705 年建寺传法，寺名康玛甘丹协竹林寺，成为色拉寺阿巴扎仓的分寺，属格鲁教派。"文革"时期寺庙大殿用于公塘乡仓库，玛尼拉康分给牧民，其余建筑受到严重破坏。公元 20 世纪 80 年代，在原寺废墟上新建了僧舍、净厨等。2007 年 5 月 22 日该寺被批准为"西藏自治区级文物保护单位"。

　　现在的康玛寺由院落、大殿、玛尼拉康、僧舍等组成，分布面积有 3959 平方米。玛尼拉康位于院落西侧，为单层藏式平顶土石木结构。拉康平面呈 L 型，四侧墙壁上贴有 1213 尊石刻佛像，造像内容为西藏所有教派的护法神及高僧像。拉康外围修建有一环拉康外墙，形成回廊建筑。

མཚུར་ཕུ་དགོན།
楚布寺

楚布寺位于堆龙德庆区古荣乡楚布村，海拔 4300 米，距拉萨市约 70 公里。早在吐蕃赞普赤热巴坚时期，这里建有江普寺，现今楚布寺大殿前的庭院中间矗立的江普石碑为其标志。楚布寺于公元 1189 年第一世噶玛巴·堆松钦巴创建，是藏传佛教噶举派分支噶玛噶举派的主寺，也是藏传佛教活佛转世传承方式首创之寺，属西藏自治区重点文物保护单位。

第一世噶玛巴·堆松钦巴创建楚布寺以来，历经 17 代噶玛巴活佛，特别是第二世噶玛巴·拔希曲吉喇嘛至第五世噶玛巴·德银协巴时期，与元、明中央政府关系密切，噶玛巴历任元朝皇帝和明朝皇帝的帝师、国师和法王，而且得到两朝诸皇帝的丰厚赏赐，楚布寺规模也得到了很大发展。

楚布寺坐北朝南，三面环山，以杜康大殿为中心，背山面水，河南岸高山北麓筑有一座高大的展佛台，每年藏历 4 月，举行"楚布次久"、"楚布亚羌"展佛等一系列佛事活动。主殿四周环绕着4个扎仓,并以经堂、神殿、僧舍及拉章、静室等建筑群组成一座雄伟壮观的古老佛刹。

大殿前广场中央矗立的石碑是"江普寺碑"。由公元9世纪赤热巴坚大臣尚·蔡邦达桑聂多兴建江普寺时而立,碑文详刻着"七户养僧"[①]等内容。石碑高256厘米,宽48厘米,厚18厘米,碑文正面46行、侧面21行,被完整地保存下来。江普寺早在达玛乌东赞普灭佛时被毁,噶玛巴·堆松钦巴建寺并移至楚布寺内。这一珍贵的文物成了楚布寺悠久历史的佐证,是研究吐蕃时期政治、经济、宗教、文化不可多得的重要历史资料。

楚布寺背后的半山腰处,有一座白色建筑物,称珠康,全名"珠扎桑旦林",系楚布寺僧人修行之处。修行时间为三年三个月三天。修行期间僧人不准外出,也不能与外界任何人接触,他们的食品有专人从一个窗洞中递进去。修行成就者冠名"珠扎喇嘛",惯例前往藏区各地传经布道。

觉木隆寺

觉木隆寺位于堆龙德庆县乃琼镇贾热村,公元1169年由巴尔蒂·尊追旺秋[②]主持

---

① 七户养僧:指七户百姓要养一个僧人。② 巴尔蒂·尊追旺秋:藏传佛教噶当派著名高僧。

创建，系藏传佛教噶当派，是三大寺形成前拉萨地区六大寺[①]院之一，宗喀巴大师曾在该寺学习佛法，后改奉格鲁派。寺内主供大日如来，具有代表性的活佛是阿里活佛系统。1985 年经堆龙德庆县人民政府批准修复开放，现占地面积 262481.08 平方米，僧人 22 名。

觉木隆寺主殿壁画大威德金刚像距今已有 400 多年历史，具有较高的文物价值和艺术价值。该寺 1996 年被评为自治区级重点文物保护单位，2000 年和 2004 年连续两年被自治区党委、政府评为"以寺养寺先进寺庙"，2011 年被评为堆龙德庆区和谐模范寺庙，2012 年至 2016 年被评为自治区级和谐模范寺庙。

སྟག་བྲག་དགོན།
达扎寺

达扎寺位于堆龙德庆区乃琼镇乃琼村境内，最初由巴尔蒂·尊追旺秋在该寺西面宝山上修行时建造的第一座小禅堂修行室组成，当时奉持噶当派教义教规。随后第七十任甘丹寺法台、第一世达扎活佛阿旺群培和隆堆喇嘛阿旺洛桑两位尊者在此地修

---

① 六大寺：指桑普寺、德瓦坚寺、蔡公堂寺、噶东寺、觉木隆寺、苏巴寺。

行,传说有一天他们听到老虎吼叫声,认为此声乃预示吉祥,隆堆喇嘛·阿旺洛桑随即授意阿旺群培,于公元1827年再修小庙,并取名为"达龙扎",简称达扎。"达扎"在藏语中即意为虎声之授记。

至第四世达扎活佛·旦增格勒晋美丹巴坚赞,共经历四位住持。该寺第三世达扎活佛·阿旺松饶在公元1941—1950年间,曾出任西藏地方政府摄政,此时寺庙得到较大的发展,僧人总数一度高达125名,并取名为达扎利乐禅修院。该寺在文革的历史波动中被毁,1985年从旧址迁移至此地重建。

热振寺

热振寺位于林周县唐古乡唐古村,全称"热振增善洲"。公元1057年,由阿底峡的亲传弟子仲顿巴·杰瓦迥乃兴建,为噶当派祖寺,属西藏自然区级重点文物保护

单位。

15 世纪，宗喀巴根据噶当派教义，取当时西藏各教派之长创立了格鲁派，又称新噶当派，热振寺也随之改奉格鲁派。甘丹颇章地方政权建立以后，该寺由地方政权管辖。公元 1739 年，第七世达赖喇嘛格桑嘉措把热振寺赠送给他的经师赤钦·阿旺乔丹。后来，清朝皇帝又把该寺赐给赤钦·丹巴饶杰，从此称历代赤钦为热振活佛，现今已是第七世热振活佛。

热振寺占地面积约 25 亩，坐北朝南，主体建筑有措钦大殿、热振拉让等。措钦大殿由佛殿和经堂组成。经堂是僧众佛事活动的主要场所，四周有若干小经堂，供奉各种佛像、经卷和各种宗教用品。佛殿内供奉的主尊像为"觉沃绛白多吉"。

热振寺西侧有一奇异优美的"帕邦塘"，意为磐石坝。传说草坝中有十万个怪异磐石，信徒们将这块地方敬为密部胜乐金刚和十万空行母的宫殿。由此每年藏历 7 月 15 日，在这里举行盛大的"帕邦塘廓"节。届时，热振活佛等寺庙高僧大德将讲经灌顶，数万善男信女也将前来转经祈福。如今，帕邦塘已演变为集文艺、体育、物资交流、商贸洽谈、旅游等功能为一体的大众文化节日。节日期间，周边信众将表演威武庄严、古典神韵的热振卓舞等古老舞蹈并举行赛马、赛牦牛等娱乐活动。

热振寺被后山庆尔尔如系白髻国王等七政宝所环绕。寺庙环境优美，景色宜人，四周有色典、桑典、希典、玉典等松龄几百年甚至上千年的柏树，是一处绝佳的修行地。2007 年，热振寺柏树林被列为国家级森林公园。

དགའ་ལྡན་ཆོས་འཁོར།
甘旦曲果寺

　　甘旦曲果寺位于林周县甘曲镇甘曲村，全称唐萨甘旦曲果寺，始建于公元12世纪，由尚·益西迥乃建。原址位于现址以北的山脚下，当时的建筑面积为608平方米，主体30柱大殿，主供佛释迦牟尼，初期信奉宁玛派，后改信为噶当派，五世达赖喇嘛时期改信格鲁派。公元1651年西藏地方政府给予高度重视并进行了改扩建，形成了现在的规模，从此命名为唐萨甘旦曲果林。

　　1984年经林周县人民政府批准在原基础上重建，信教群众投工献料，现甘丹曲果寺占地面积为4500平方米，建筑面积736平方米。大殿设有三间小殿，主供佛释迦牟尼。大殿南面设有贡康，北面有护法神殿、尊胜塔和菩提塔。每年的藏历元月5日举行大型佛事活动，瞻仰"果姆拉朵"（圣石）。藏历11月28日至29日为"唐萨珠巴嘎杰"跳神节。

སྟག་ལུང་དགོན།
达龙寺

达龙寺位于林周县旁多乡达龙村，公元1180年，帕木竹巴弟子扎西白在此修庙，寺名为"达龙"，全称"达龙塘寺金刚座"，公元1180年，达龙寺成为藏传佛教噶举派分支达龙噶举派祖寺。扎西白是达龙寺第一任法台，至公元20世纪初期，达龙法台共传31任。

达龙寺在历代达龙塘巴法台的护佑下，逐渐成为著名的噶举派寺院，该寺的康参[①]一度发展到7个，僧人500多名，奉持显密教法。公元18世纪初期的准噶尔事件中，该寺难以避免遭受劫难，目前，已恢复维修的康萨、拉让、噶举三戒林和扎西康萨佛殿，重塑了诸多佛像，供广大信众膜拜。

---

① 康参：藏语音译，也写作康村，是扎仓下的一级僧团组织。

ཕྲག་ཡེར་པ་དགོན།
查叶巴寺

  查叶巴寺位于达孜县邦堆乡叶巴村，是藏传佛教四大隐修地之一，全名"拉日宁波隐修地"。始建于公元 7 世纪，已有 1300 多年的历史。查叶巴寺紧紧嵌于崖缝中，最大的特色是以洞立寺，洞寺合一。公元 8 世纪，赤松德赞倡兴佛教，从印度迎请莲花生大师前来弘扬佛法，莲花生大师在查叶巴达瓦普修行传教，它与雅砻协扎普①和桑耶青普②，成为莲花生大师三大殊胜之地，并成为吐蕃著名的密法修行道场。11 世纪，阿底峡在查叶巴寺"弥勒殿"收徒传教，传授《噶当师弟问道录》等教法，查叶巴遂成为噶当派的重要道场。1830 年左右，查叶巴僧众达 300 多名。后来查叶巴寺成为西藏地方政府直属寺庙，僧人定编为 108 名。

  目前，已恢复和维修了弥勒佛主殿，形成了法王洞、拉隆珠普、白玛普、达瓦普、

---

① 雅砻协扎普：指山南市乃东区境内的一处莲花生修行洞，位于协扎山，普是藏语，洞的意思。
② 桑耶青普：指位于山南市扎囊县桑耶寺近郊的一处修行洞，名青浦。

次久普和古如普等诸多修行洞。每年藏历7月10日，举行"叶巴次久"① 大型佛事活动，广大僧俗信众都会参加。

དགའ་ལྡན་དགོན།
甘丹寺

甘丹寺位于达孜区章多乡章多村旺古尔山顶，依山而建，坐西向东。"甘丹"直译为"喜足尊胜洲"，是藏传佛教格鲁派六大寺庙之首。公元1409年，格鲁派创始人宗喀巴主持修建，是第一座格鲁派寺院，与其后建的哲蚌寺、色拉寺并称"拉萨三大寺"。次年宗喀巴主持开光仪式，并担任甘丹赤巴。因甘丹寺是格鲁派的母寺，所以甘丹赤巴②也是整个格鲁派的主持，其宗教地位仅次于达赖喇嘛和班禅喇嘛。甘丹寺共传96名甘丹赤巴。

甘丹寺建于海拔4200米的山坡上，占地面积15万平方米，建筑面积7.75万平

---

① 叶巴次久：查叶巴寺于藏历7月10日举行的一次佛事活动，次久是藏语，意为10号。
② 甘丹赤巴是藏传佛教格鲁派最高法主即继承宗喀巴大师法座者。

方米。甘丹寺主体建筑有措钦大殿、赤多康、扎仓、康村、米村以及佛堂、僧舍等，共有建筑 121 幢。措钦大殿的规模较大，是全寺僧人聚会诵经之地。大殿共三层，面积约有 1600 平方米，可容 3500 名僧人在殿内念经。殿内主要供奉弥勒佛像。甘丹寺有两个扎仓，即夏孜扎仓和强孜扎仓。夏孜扎仓是宗喀巴弟子夏尔巴仁钦坚赞创建的，其经堂用 88 根大柱建成，面积约 1000 平方米；强孜扎仓是宗喀巴弟子南喀贝桑修建的，经堂用 84 根大柱建成，面积约 930 平方米。两个扎仓分别可容 1500 名僧人同时念经。扎仓下设康村，甘丹寺共有 23 个康村。康村建筑一般由小经堂、僧舍、厨房、仓库组成。有的康村下面再设米村，米村是寺庙里最基层的管理机构，甘丹寺共有 20 余个米村。

甘丹寺的壁画和雕像极其精美。诸如措钦大殿左侧小殿门额上的一组影塑兜率天，造型精致，艺术价值极高。寺内收藏的文物也相当丰富，如阳巴坚护法殿内的盔甲，是清高宗于公元 1757 年将他穿过的盔甲送到西藏，供献在宗喀巴大师的灵塔前，盔甲上有汉、藏、满、蒙四种文字的说明。这件盔甲不仅历史价值大，而且艺术价值也很高；又如制作精美的锦缎绣唐，这是永乐皇帝赐给大慈法王释迦益西的。大慈法王返藏后转奉给宗喀巴大师。这些绣像每年藏历 6 月 15 日进行"甘丹斯唐"[①]展示，供广大信众瞻仰。

1959 年该寺成立了僧众民主管理委员会，寺庙的教务、学习、生产、生活等皆由僧众民主管理。1962 年国务院将甘丹寺定为全国重点文物保护单位。"文革"中，寺庙被毁。1980 年以后国家拨巨款对寺庙进行了彻底维修，重修了宗喀巴灵塔，重绘了羊八犍经院壁画，重印了《甘珠尔》和《丹珠尔》大藏经，维修了二十多幢经堂佛殿僧舍。

---

① 甘丹斯唐：甘丹为寺庙名称，斯唐是藏语，指蚕丝制作的唐卡。

བཙུན་མོ་ཚལ།

尊木采寺

　　尊木采寺位于达孜区章多乡尊木采村，"尊木"意为王妃，"采"意为林，即王妃林。传说吐蕃松赞干布时期，赞普和王妃们经常来此避暑娱乐。公元7世纪，赞普松赞干布的爱臣吞弥·桑布扎创制藏文后，献写松赞干布的颂文，曾刻在了尊木采的一块岩石上。据说，当地人在"文革"期间还见到了该岩石。尊木采寺的正式建立在公元15世纪，由顿增·扎巴坚参创建，寺名亦由此传承。

ཤུག་གསེབ་དགོན།
雄色寺

　　雄色寺位于曲水县才纳乡才纳村半山腰，汉文中也有译为"香色寺""秀色寺"等，意思是"松林之中的寺院"。传说在公元11世纪前，这里是一片茂密的松树林，林中有甘甜的泉眼，泉水旁边栖息着许多珍禽异鸟，吸引了各地百姓前来朝拜、敬香，由此，此地逐渐成为著名的佛教圣地。公元1181年，藏传佛教噶举派帕竹·多吉杰布的弟子曲吉杰贡·崔臣桑布在此建立起一僧寺，奉持噶举派教法。公元14世纪，宁玛派著名高僧隆钦绕绛巴来到雄色寺，在岗日堆嘎修行洞里修行，并著就《七宝藏论》，此后雄色寺一度成为宁玛派寺院。在准噶尔事件中雄色寺几乎被毁。七世达赖喇嘛格桑嘉措时期才得以恢复，并派僧人管理。

　　公元20世纪初，西藏著名的女活佛雄色吉尊·日增曲英桑姆来此重建雄色寺大经堂和佛塔，使其成为名副其实的尼姑寺，鼎盛时期尼众达500多名。目前，寺内尼姑有130多名，是西藏最大的尼姑寺之一。

འབྲི་གུང་མཐིལ།
直贡梯寺

　　直贡梯寺位于墨竹工卡县门巴乡政府4公里的半山坡上，海拔4400米，属直贡噶举教派，是自治区级、拉萨市级重点文物保护单位。此寺原为帕木竹巴的弟子木雅贡仁所建的一座小寺庙，公元1179年由吉祥怙主觉巴·吉旦贡布仁青贝扩建为直贡梯寺，距今已有820多年的历史，发展至今已成为直贡噶举派的主寺。吉祥怙主[①]觉巴的近侍仁青扎巴加持过的直贡"旦恰庆波"天葬台享誉中外，是世界著名的三大天葬台之一。该寺地址当初为米娘巩日[②]选定，最初只建有主供佛殿和达赖喇嘛殿。公元1290年，元世祖至元27年直贡梯寺所在地方遭萨迦派袭击，直贡梯寺被毁，后历经几次重建修复，得以呈现如今的面貌。直贡寺每年藏历3月28—29日要跳金刚神舞。从藏历2月开始，全寺僧人便集中诵经，持续一个月。念经期间，用彩粉绘制坛城，用糌粑做一个人形怪物当作教敌或邪恶的化身。众神要把人形怪物砍成碎块用火烧掉，象征教敌与邪魔已被斩尽，教法如旭日东升庇护众生。

---

① 怙主：指庇护者。② 米娘巩日：米娘是藏语，指木雅，巩日为人名。

གདེར་སྒྲོམ་དགོན།
德仲寺

德仲寺位于墨竹工卡县门巴乡德仲村，海拔约 4600 米，是直孔噶举派最大的尼姑寺之一。公元 8 世纪藏传佛教高僧莲花生大师曾在此地后山的天然岩洞中修行，此后这些岩洞成为历代高僧修行和赞颂的重要圣地之一。公元 1280 年直孔替寺第十任法台尼杰·多吉杰布在此修建了第一座修行庙，后经多次扩建形成以德仲集合大殿为中心、附属 62 座修行洞的建筑群。主供释迦牟尼佛像，寺内藏有银汁手抄般若经，壁画高僧人物像。历史上有活佛一名。

该寺在 1985 年经县人民政府批准修复，当时群众投劳、投工积极参加。修复完成的一间佛殿有 6 柱，108 平方米。1959 年前，曲登桑姆女活佛曾在直孔噶举派有一定影响力，现德仲寺具有代表性的女活佛为旦增曲珍。

该寺下方的温泉是寒水石、硫黄、炭精组成的三和泉，对治疗皮肤病、胃病、神经性疾病、关节炎等有特殊疗效。德、美、日等专家曾赞誉此泉为"天下第一泉"。

དགའ་བ་དགོན།
塔巴寺

　　塔巴寺位于墨竹工卡县工卡镇塔巴村境内，平均海拔 3950 米。该寺由吉普·益西多吉于公元 1206 年创建，是一所噶举派寺院。五世达赖喇嘛阿旺嘉措时期改为格鲁派，从属于色拉寺麦扎仓。公元 1670 年，五世达赖喇嘛封给色麦觉尼加央次成塔杰，公元 1684 年，色麦觉尼加央次成塔杰任甘丹赤巴以来，先后共有七位塔巴活佛，其中三位塔巴活佛任甘丹赤巴，即第四十五任加央次成塔杰、四十九任赤钦洛桑塔杰，第八十一任赤钦阿旺罗布。"文革"期间除部分佛像和经文等文物遭到破坏外，寺庙主体建筑及珍贵壁画保存较完整。该寺 1985 年经县人民政府批准修复开放，2000 年县民宗局投入 10 万余元资金，维修了 1200 平方米的寺庙经堂及僧舍。

ཀ་ཚལ་དགོན།
嘎则寺

　　嘎则寺位于墨竹工卡县工卡镇嘎则村,公元 7 世纪松赞干布修建大昭寺时,请文成公主推算细察建寺的地理风水。文成公主根据汉历观测法,仔细观察,发现雪域西藏的地形如女魔仰卧。为了镇压罗刹女 12 个关节(两肩头和两胯骨 4 大关节,两肘和两膝 4 小关节,两手掌和两脚掌 4 大掌),文成公主提出必须在其各关节处建佛殿,其中墨竹工卡修建卫如嘎则寺镇压女魔左肩头,属于镇边 4 大寺之一。该寺在公元 16 世纪直贡喇嘛仁钦平措时期改为噶举派。

བང་རྒྱ་དགོན།
唐加寺

  唐加寺位于墨竹工卡县唐加乡境内，创建于吐蕃时期。公元 10 世纪鲁美维修该寺，并组建僧伽①团体。公元 15 世纪以前唐加寺以奉持觉囊派为主。公元 15 世纪森巴洛追坚参将其改为格鲁派。该寺的大日如来殿即尼玛拉康，由松赞干布王妃芒萨赤姜所建。文革时期大日如来殿内的主供佛遭破坏，十六尊者殿（乃丹拉康）始建于公元 9 世纪，殿内供奉十六尊者和四大天王塑像底座，殿内壁画保存较好，绘有八如来等。护法神殿是由洛追坚参于公元 14 世纪修建，距今已有 600 多年历史，殿内壁画保存较好，公元 19 世纪朗杰扎仓主持修建了集会大殿，殿内壁画受损严重。该寺南边有一座卫堆天女佛塔。

---

① 僧伽：指僧人之意。

ཤ་ཙི་ཁང་།
夏拉康

　　夏拉康位于墨竹工卡县尼玛江热乡宗雪村,又叫卫堆夏拉康,公元8世纪赤德松赞时期,由班智达①比马拉米扎弟子娘·定增桑波所建。传说娘·定增桑波因为班智达比马拉米扎云游内地,过了50个年头尚未回来,便让护法大将军着手建佛殿,用帽子接取飞来的建庙物资,故寺庙建成后称作夏拉康,意为"帽子神庙"。"夏拉康"寺名来源还有一说法:"北方有个名叫协那夏的地方,从地下长出一尊如来佛像,守卫着这一方的疆土。按照这一指点,娘·定增桑波把能仁王背靠菩萨树成佛的坐像,从地下取出,供在寺庙顶层神殿内",并用地名作寺庙名,称为夏拉康。公元15世纪隆钦绕绛巴对该寺进行了维修,后来交由色拉寺色扎仓管理。1986年该寺再次维修时以夏拉康门前赤德松赞授予娘·定增桑波的两块碑文为主,其中一块石碑破损严重。

---
① 班智达:指佛学精通之人或佛学家。

ཙ་བ་ལྷ་ཁང་།
杂瓦拉康

  杂瓦拉康位于墨竹工卡县扎雪乡，始建于赤德松赞赛纳勒[①]时期，属直贡寺管辖。当地群众又称该寺为"噶琼金刚界寺"。

  拉康高四楼，主供释迦牟尼银质等身佛像。大殿北侧为护法神殿，主供阿吉护法神，壁画绘有护法神、法器等。"文革"时拉康内出土制造坛城的彩色细沙等珍贵的材料。1985年在寺庙西北侧约10米处新建一座二层的寺庙，内供释迦牟尼泥塑佛像。拉康东边有一座供奉舍利的佛塔，据说转该佛塔能治疗脑溢血等疾病。

[①] 赤德松赞赛纳勒：赤德松赞指吐蕃40代赞普赤松德赞之子，赛纳勒是该赞普之名。

塔

བཀྲ་ཤིས་སྒོ་མང་།
查果嘎宁白塔

　　查果嘎宁白塔位于城关区药王山与布达拉宫红山之间，此塔依据佛教八善逝宝塔中神变塔形建成。查果嘎宁白塔据说是公元 8 世纪赤德祖赞妃子金城公主所建。白塔两侧的山头有两座小白塔，南面的小白塔为菩提佛塔，北面的小佛塔为尊胜佛塔。

བེ་རུའི་རྣམ་རྒྱལ་མཆོད་རྟེན།
比如尊胜塔

比如尊胜塔位于林周县春堆乡卡东村比如自然村东南 200 米的杰堆河南岸，海拔 4040 米。始建年代及历史沿革不详，罗汉塔"文革"时期曾遭破坏，近年在原址上得以重建。

其建筑形式为藏式传统建筑，由佛塔、拉康及擦康三个建筑物组成。土木石结构，东西长 20 米、南北宽 10 米，占地面积 300 平方米。罗汉塔为石块砌成，塔身外敷水泥。塔基为方形，边长 10 米，高 1.4 米；塔身由三级内收的塔座及覆钵形塔瓶组成，方形，最宽处 10 米，高 2.2 米，塔刹由十三天及日月图案构成。拉康坐北向南，面阔 3 间用 2 柱 10 米，进深 2 间用 1 柱 5 米，南墙正中开门，门宽 1.4 米。拉康内供奉有泥塑的师徒三尊、释迦牟尼像。

འབུམ་ཆེན་མ།

奔钦玛佛塔

　　奔钦玛佛塔位于林周县卡孜乡,是遍智·扎西朗杰主持修建的荣顿大师本尊,是那兰扎寺外所依。公元20世纪80—90年代,该塔几次重建,但因种种原因均未能完成。2010年,那兰扎寺严格按照佛塔度量经,运用现代建筑材料重新修建塔体。建成后佛塔分5层:底层为弥勒殿,主供弥勒佛及八大随佛子;二层为慈容殿;三层为化身殿,主供释迦牟尼、莲花生大师、度母等;四层为报身殿,主供千手千眼观世音等;五层为法身殿,主供无量寿佛、二十一尊度母、罗汉十六尊。

གར་འབུམ་པ།
夏寺塔林

夏寺塔林位于林周县强嘎乡江玛村。夏热瓦·云丹扎大师在江玛村圆寂后，许多噶当派大师和藏传佛教各教派瑜伽士在此地圆寂，留存肉身灵塔，该处逐渐形成塔林，即夏奔巴。夏寺灵塔众多，亦有该寺之塔无法数尽之说。最殊胜处有：加持夏热瓦大师灵塔、阿玛热吉玛灵塔、善知识夏热瓦灵塔、圆寂塔、宝帐塔、贾·加日瓦肉身灵塔、成就士扎玛碗佛陀舍利、夏热瓦右手、如意宝等。传说在此塔前许愿会心想事成。

ཀློ་བྲག་འབུམ་པ།
洛扎彭巴

　　洛扎彭巴位于达孜县章多乡热夏古 2 组，建于甘丹寺前，具体时间无从考证，是宗喀巴大师的尊师洛扎·朗喀坚参的灵塔，此塔镇伏 360 个病种，从东起，第一座塔为菩提塔；第二座为辟邪塔；第三座为主佛塔因果塔；第四座为长寿塔；第五座为药王塔。据说跪拜一圈能缓解癫痫、胃病、麻风病等病症。该塔在 1990 年时得以重建。

ཚེ་ལྷ་མཆོད་རྟེན།
福寿白塔

　　福寿白塔位于墨竹工卡县尼玛江热乡邦达村，相传公元 12 世纪由格西朗日瓦所建。格西朗日瓦在附近的岩石洞内修行时，预测自己的弟子即将离开人世。便命此弟子下山看望母亲，弟子在回家途中看见地面上有个闪闪发光的东西，不一会儿出现了十万个长寿佛像，慢慢变成了一座水晶石小佛塔，弟子摘下帽子，放在塔顶，围着塔转圈，为此延长了寿命。水晶石佛塔供奉于福寿白塔内，吸引着不少群众前来转经。

འགྲོ་བ་མཆོད་རྟེན།
卓娃塔

　　卓娃塔位于尼木县塔荣乡日措村尼姑寺内。传说是地下一块石头自然长成的。塔原有两座，一天一位孕妇来此，在其中一座石塔上坐着歇息了一会儿，结果那座石塔竟被坐死，停止生长，只有另一座塔"长"了起来。后来传说，不孕不育的妇女，只要来此塔转上几圈，即可怀胎。

སངས་རྒྱས་དབོན་གྱི་གདུང་རྟེན།
桑杰温灵塔

桑杰温灵塔位于墨竹工卡县甲玛乡。公元 1290 年卓衮桑杰温圆寂后,信徒为他修建此灵塔,后来卓衮桑杰温灵塔的两侧修建了两座弟子之灵塔。"文革"时,3 座佛塔遭到不同程度的破坏,中间的卓衮·桑杰温灵塔破坏较小。1991 年由霍康·索朗边巴捐资,格西降贝益西和强久群培组织当地群众对三座佛塔进行了维修,卓衮·桑杰温灵塔基本按原样修复,东南侧的佛塔修成类似"擦康"的小塔。维修期间,在三座佛塔的基座及周边的废墟里发现了很多精美的擦擦,将其全部放入两座佛塔内,加以保护。

卓衮桑杰温是藏历第二绕迥土马年公元 1138 年出生于墨竹巴热地方的杰拉朗家族。其父为杰普姆达,母亲叫夏木朵。根据伯父杰贡巴之命,8 岁时来到仁青岗寺。

17岁时拜格西苯唐巴等处出家受戒,20岁时格西娘禅为堪布受近圆戒,精通律经。此后照顾杰贡巴晚年的生活起居。杰贡巴圆寂后,甲玛赤康修建十一面观世音合金佛像等为其纪念。

རྒྱལ་བཟང་འབུམ་པ།
格桑奔巴

格桑奔巴位于墨竹工卡县工卡镇,根据《黄琉璃宝鉴》记载,此境内有一座神殿,有不少僧徒。现神殿已被毁。但格桑村有一座供奉劫火的佛塔,晚上从塔内会放出火焰,被人们认为是劫火,引来不少各地群众转佛塔,祈求平安。

མཆོད་རྟེན་བརྒྱ་དང་བརྒྱད།
壹佰零捌座佛塔

　　壹佰零捌座佛塔位于墨竹工卡县扎西岗乡巴洛钦巴至拉萨河流域两侧，隔几百米处有一座佛塔，共有壹佰零捌座。传说过去此处自然灾害频发，为了预防并战胜自然灾害，特别修建供奉宝物的这壹佰零捌座佛塔用以镇压。

མཆོད་རྟེན་བརྒྱད་སྒྲིག

藏北八塔

藏北八塔位于当雄县乌玛乡境内,距离县城40多公里。相传当年格萨尔王曾率兵在藏北草原上驰骋征战,麾下的大将夏巴丹玛香察在乌玛战死,人们为了纪念英雄,在此地修建了8座白塔,保留至今。

ཆོས་འཁོར་སྒང་མཆོད་རྟེན།

曲廓岗佛塔

　　曲廓岗佛塔位于墨竹工卡县工卡镇，有两座大佛塔及强巴拉康，周围还有十多座小佛塔。此地原来有一座喇嘛曲吉坚参创建的寺庙，公元 15 世纪由宗喀巴弟子固始贝旦顿珠进行扩建。这些佛塔最初由直贡第十四法嗣修建，后由帕邦喀拉让进行重修。佛塔和拉康均由达普寺管理。现在原来的废墟上修建了一座小佛塔。

碑

ཪྡོ་རིང་ནང་མ།

布达拉宫无字碑

布达拉宫无字碑位于城关区布达拉宫前。人们一般称该碑为"内碑",藏语为"多仁囊玛"。公元 1690 年,藏历铁马年红宫动工。公元 1693 年,藏历水鸡年红宫完工。同年藏历 4 月 20 日红宫举行了隆重的落成典礼,在宫前立无字石碑以示纪念。宫外的"达札鲁恭记功碑"被称为"外碑"。

ཞོལ་རྡོ་རིང་ཕྱི་མ།
雪碑

  雪碑是布达拉宫广场左侧的一座吐蕃时期的石碑，这是吐蕃大将军达札鲁恭的记功碑，立于唐朝代宗广德元年（公元763年）。碑高7米，碑底砌有3层阶梯条石，碑头覆盖倒扣斗形块石，碑顶用火球形石球点缀，碑体为长方形，碑西面、东面各刻有十六行藏文字母，碑南刻有七十四行藏文字母，背北面无内容。这些文字记载着藏王赤松德赞的大将军达札鲁恭的丰功伟绩和褒奖之佳话。

公主柳

公主柳是位于大昭寺前的古老柳树，传说以前只在内地才有柳树，公元7世纪，唐蕃联姻，文成公主进藏时，其母亲折柳相送，以表挽留之意。大昭寺修建于1300多年前，文成公主对大昭寺的建筑十分关心，在寺前亲自栽植了几株柳树，柳树成长后绿树成荫，多少以缓解思乡之情。藏族人民因怀念文成公主，十分爱护这些柳树，并把它加以神化，称其为"公主柳"或"唐柳"。如今柳树已在拉萨遍植，行走在熙熙攘攘的八廓街、布达拉宫广场、罗布林卡、宗角禄康公园等拉萨的很多地方，都能看到柳树。

དབོན་ཞང་རྡོ་རིང་།
唐蕃会盟碑

　　唐蕃会盟碑位于大昭寺前面，是为纪念唐蕃在长安、逻些举行的长庆会盟而修建的纪念碑，被称为"唐蕃会盟碑"。藏语为"祖拉康多仁"，意思是"大昭寺前之碑"。唐朝与吐蕃交往的200余年中，双方有两次联姻、多次交战和会盟。唐朝与吐蕃双方为达成某种誓约而举行会盟。会盟制度是吐蕃最古老的制度之一。会盟始于神龙元年（公元705年），止于长庆二年（公元822年）。唐蕃会盟碑座落于大昭寺门前公主柳下。长庆三年823年，唐蕃双方于逻些立碑，用汉藏两种文字刻写盟文。该碑通高5.6米，由碑帽、碑身和碑座三部分组成。碑身与碑座以铜液浇灌连为一体。碑帽通高0.96米，碑身通高3.8米，碑正西面，刻有藏、汉对照的会盟盟文，左为藏文，横书，共77列，字迹苍古，系吐蕃时期藏文特点，右为汉文，直书，共6行，正楷体字，存464字。盟文表达了唐蕃双方"再续慈亲之情，重申邻好之义"的共同愿望，重申"彼此不为寇敌，不举兵戈，不相侵谋封境"。

གོང་མས་བཀས་བཅད་པའི་བོད་ཞིང་ས་བདེ་བཀོད་ཆེས་པའི་རྡོ་རིང་།
御制平定西藏碑

康熙五十七年（公元1718年）、五十九年（公元1720年），清军先后两次入藏，平定准噶尔之乱。为纪念这一胜利，1721年康熙皇帝亲自撰写碑文，以满、汉、蒙古、藏四种文字镌刻，详细阐述了清政府派兵平定准噶尔入侵时的功德。御制平定西藏碑位于布达拉宫正门东侧,是为纪念清军平定准噶尔之乱而立的纪念碑。雍正二年公元 1724 年,由内阁学士鄂贲等刻立于布达拉宫门前,乾隆年间又建琉璃瓦歇山顶碑亭,1966 年该碑和碑亭被迁入龙王潭公园,1990 年又迁回布达拉前方城南门外。

御制平定西藏碑保存完好,其形状与内地清碑完全相同。碑为螭首方额,其中碑额高 1 米,宽 1.13 米,厚 0.42 米。1996 年御制平定西藏碑被列为自治区级文物保护单位。

གོང་མས་བཀས་བཅད་པའི་ཕྱས་རྗེས་བཅུ་བཀོད་
པ་ཞེས་པའི་རྡོ་རིང་ཡི་གེ

御制十全碑

公元 1791 年,乾隆五十六年,西藏南方领邦廓尔喀大举入侵西藏,进犯我国边疆,

占领了吉隆、定日、日喀则等地,洗劫扎什伦布寺等后藏许多地方,迫使七世班禅退避拉萨。西藏人民遭受严重的民族灾难,达赖、班禅于是急报中央政府,乾隆皇帝接受达赖、班禅的请求,派福康安王带领雄厚兵力,分别从青海、四川两路进藏反击。这次反侵略战争,受到西藏人民的热烈拥护和支持,旗开得胜,进展顺利,第二年便把廓尔喀军队赶离。公元1793年,福康安接受廓尔喀投降,同时会同西藏地方有关人员,共同议定整顿管理西藏地方条例,形成了"藏内善后章程"29条。从此,确立金本巴瓶制度(金瓶掣签制度),即达赖、班禅转世继承人确立的抽签制度,并明确了藏兵训练制度、财政与贸易改革等制度,进一步完善了对西藏地方的管理。

为纪念以上历史及乾隆皇帝十大武功,修建该纪念碑,因此,该碑又被称作"十全记功碑"。公元1792年,乾隆皇帝亲撰碑文,记述了他在位57年两次驱逐入侵西藏的廓尔喀部队及十大武功。由四川总督囊惠龄、驻藏大臣和琳及驻藏帮办大臣成德刻立。据《卫藏通志》记载,御制十全记功碑与琉璃瓦歇山顶碑亭是遵乾隆命于公元1792年建造。御制十全记功碑,与内地清碑形制全同,均为高浮雕二龙戏珠图案,碑额方形,额枢四周饰以雷纹,额内枢上还饰以卷草纹。碑由碑首、碑身、碑额三部分组成。乾隆碑不仅记录了清政府派兵入藏驱逐外来侵略者,巩固祖国西南边疆的事迹,也列举了改革西藏地方一系列管理制度的内容与意义,是一块很有历史价值的纪念碑。此碑对于研究清朝中央政府治理西藏的问题具有重要的史料价值,研究清朝时期拉萨碑刻的形制、刻法具有重要的参考价值。1965年因拉萨市城建需要,十全记功碑和碑亭曾按原样迁于布达拉宫背后宗角禄康公园的大门内侧,现已迁回布达拉宫广场,位于布达拉宫正门西侧,1996年该碑被西藏自治区人民政府公布为第三批自治区级文物保护单位。

ཤ་ལྷ་ཁང་རྡོ་རིང་།
夏拉康石碑

  夏拉康石碑位于墨竹工卡县尼玛江热乡宗雪村夏拉康寺内。吐蕃赞普赤德松赞为娘·定增桑波的丰功伟绩而先后颁发两次敕令，并将其功绩刻记在石碑上。第一块石碑建于公元798—812年之间，第二块石碑约建于公元813年。

  赞普赤德松赞年幼时由娘·定增桑波如同父母一般善加爱护。他常为社稷献策，对赞普忠贞不二，被奉之为楷模，并成为倡导弘扬佛教的大臣。赞普赤德松赞即位后，为表彰其功绩，对娘·定增桑波及其子孙后裔特封嘉奖。两块碑文内容均属赞普赐给娘·定增桑波的敕令，其中第一块碑文的内容相对详细，第二块碑文是第一碑文的重申和补充。这两块碑文是研究赞普赤德松赞时期的王臣关系及兄长穆如赞普之历史的重要史料。

སྐར་ཆུང་ལྷ་ཁང་གི་རྡོ་རིང་།
嘎琼寺建寺碑

　　嘎琼寺建寺碑位于柳梧乡，立于赤德松赞在位之时的公元798—815年间，"文革"时被毁，现存几段碑体，碑上的文字仍清晰可读，藏文共57列。上个世纪40年代，学术大师根敦群培，曾亲自到热玛冈，抄录了石碑全文，碑文主要记载了自松赞干布历代吐蕃赞普弘扬佛法的功绩，并令赞普后代也应继承先辈们的优良传统，习学正法，修悟正道等，鼓励人民投入弘法事业。该碑对研究吐蕃时期历史与宗教文化具有重要的史料价值。

ཁྲོད་ཕྱུང་མཆོད་པ་དགོན་གྱི་རྡོ་རིང་།
堆龙楚布寺建寺碑

　　堆龙楚布寺建寺碑位于堆龙德庆区楚布寺内，全称"蔡邦氏江浦建寺碑"，由吐蕃赞普赤祖德赞约在公元815—836年期间建立。石碑正面46列、侧面21列。碑文主要记载尚·蔡邦达桑聂多（吐蕃权臣）在堆龙之江浦地方出资修建寺庙，以报赞普之鸿恩。赞普颁旨规定，作为寺产之民户及产业之上，不征赋税，不征徭役，不取租用、罚金等。否则桑聂多子嗣断绝，一切所辖之土地、所领之庶民，赞普不再收回，并不转赐他人，均赠赐为此神殿之供养顺缘等。公元9世纪初由尚·蔡邦达桑聂多建造的江浦神殿早在朗达玛灭法时毁坏，但建寺石碑却被完整地保存下来，并移至楚布寺内。这一珍贵的文物成了楚布寺悠久历史的佐证，是研究吐蕃时期政治、经济、宗教、文化不可多得的重要历史资料。

公园

ཛོང་རྒྱབ་གླུ་ཁང་།

宗角禄康

宗角禄康位于布达拉宫北面红山山脚下，也叫"龙王潭"，最早形成于五世达赖喇嘛修扩建布达拉宫时期，建筑宫殿所需泥土在这里挖掘，低洼处逐渐积水成湖，碧绿湖泊就这样形成。六世达赖喇嘛按照龙王潭形状，设计建造了湖心庙宇，庙内供奉着八大龙王之供养大王——"麦卓斯坚"。八世达赖喇嘛时期，宗角禄康林园的西南角修建了"平措热瓦"大象园，用以饲养大象。十世达赖喇嘛时期，大象公园的西侧修建了菩提佛塔，宗角禄康林园的规模基本达到如今规模，为拉萨市民转经休闲娱乐提供了一处风景优美的集中场所。

遗址

དོང་གད་གནའ་བོའི་བང་སོ།
同盖古墓

　　同盖古墓群位于墨竹工卡县唐加乡同盖村以南约 500 米处的山坡上。1989 年四川大学与西藏自治区文物管理委员会联合对其中 1 座遭到破坏的墓葬进行过考证，考证结果认定墓葬年代为吐蕃时期。墓葬群分布在俄巴日山和拉玛卡萨山北面的山脚及山前坡地上，共发现古墓群 175 座，均为封土墓。墓地中部的一条冲沟将古墓群分为东西两区，其中西区墓葬主要分布在拉玛卡萨山脚下，东区主要分布在俄巴日山北面的山脚及山前坡地上。整个墓葬群可分为大、中、小三种类型，中、小型墓葬围绕大型墓分布，以中型墓数量最多。大型墓封堆底部长约 45.7 米，宽约 38.7 米，封堆残高约 10 米；中型墓封堆底部长约 22.5 米，宽约 18.7 米，封堆残高约 6.1 米；小型墓封堆底部长约 9 米，宽约 6 米，封堆残高约 1 到 4 米。从暴露出来的封堆剖面来看，封堆的建造方法有两种，第一种是石块垒砌，第二种是夯筑。封堆原来为梯形，由于长期雨水冲刷现在部分墓葬封土呈近圆形。

སྒྲ་ཕུད་ཀྱི་ཉི་ཐིག
达普天文观测台

达普天文观测台位于墨竹工卡县唐加乡达普村的半山上，公元 17 世纪第司·桑杰嘉措时期修建，至今已有 300 多年的历史。达普天文观测台对于西藏农业生产具有

重要意义，藏医院历书曾写道："卫堆达普尼替时间已到，即将春耕及灌溉。"西藏自治区境内大部分农区，均按照达普尼替时间为标准进行春耕劳作。达普天文观测台由两个部分组成：测孔楼和测光石。在测孔楼的西墙南北方位 165 度至 345 度的位置，西墙正中间的屋顶上方有一个日光出口，而测光石与测孔西墙的距离为 29 米。每年，当太阳光透过测孔楼照到测光石，三点连成一条线的时候，就到了春耕及灌溉的时间。另外达普寺山坡上有一块形似虎的冰块，人们按照这一冰块的变化，预测来年自然灾害和季节长短。

ཀྱུང་བུ་ཚལ་གྱི་ཕོ་བྲང་།

江普蔡宫

江普蔡宫遗址位于墨竹工卡县扎西岗乡斯布沟境内。根据《巴协》记载：公元 759 年藏历土猪年，苯教和佛教在墨竹斯布江普蔡宫举行佛苯辩论，规定胜者可得发扬、败者则被废止。结果佛教大获全胜，苯教失败。赞普将苯教徒流放到阿里等边远地区，禁止苯教的杀牲祭祀等祈祷仪式，不得以血肉供祭，并收集大量苯教经书，一部分投入河中，其余压在桑耶寺所建的黑塔之下，强迫苯教徒改信佛教。

འོད་ཆེར་དམ་པའི་ཕོ་བྲང་།

沃色当布宫

沃色当布宫遗址位于墨竹工卡县扎西岗乡沃色江村，之前此地有一座"次久拉康"①。根据《巴协》记载：公元 841 年，赤热巴巾②在墨竹沃色当布宫饮酒，醉眠于宝座上时，由韦·达纳、觉热拉伦和勒都赞三个大臣将赞普的颈骨折断，头颅扭转而致死，从而夺取政权，由达玛邬东赞继任。

---

① 次久拉康：次久藏语为十号，拉康意为庙宇。② 赤热巴巾：吐蕃赞普之一，意为辫结王，实名赤祖德赞。

ཁྱུང་གི་སྡེར་རྗེས།
大鹏爪印

大鹏爪印位于墨竹工卡县门巴乡境内德母米的大磐石上。据说直贡交巴·吉丹贡布①每次讲经说法时,总有一些天鬼神众前来聆听。至尊悉知,某月十五日夜晚,那威势遍及全藏、一切苦乐源头的龙王墨竹思金,将显原形前来直贡寺听经。因为至尊担心那些有神通的弟子伤害龙王,又担心那些没有神通的弟子受到龙气侵害,因为虽然龙王前来听经不怀恶意,但其所带邪毒气息仍可伤人。左右思量后,至尊派近侍向众徒传话:"今夜不管有什么样的轰隆巨响都不要去理会。"寺内其余人都得知,唯独成就者噶尔·当巴在大静殿的长洞内修持不知道此传话。大静殿的外部在寺院门口,而洞在金殿底下,洞身特别长,噶尔·当巴就在洞的最深处修持,近侍心想他不会听到外面的响声,故没有去打扰他。当夜深人静时,噶尔·当巴听到外面有剧烈的爆裂声,

---

① 交巴·吉丹贡布:藏传佛教直贡噶举派高僧。

他不知是何声音,就出洞观察,看到一条深蓝色的龙,非常恐怖,它在直贡寺外面转了三圈,然后把头伸向上师卧室上空。噶尔·当巴担心龙会伤害上师,就不假思索,变成一只大鹏鸟前去追杀。两者搏斗过程中,在锐巴隘口的玛苏磐石上留下了龙的清晰且发蓝的足迹,在德母米的大磐石上则留下了大鹏鸟的爪印。

夏瓦称

　　在墨竹工卡县日多乡怎村沃色江以西、扎西岗乡仁青岗以东,有一条地势较为险要的峡谷,峡谷中间墨竹河自东向西流。峡谷中有一独特外形的山丘,从东边看,山顶岩石形状酷似鹿,"鹿"在藏语书面语中为"夏瓦",因而当地人称该岩石为"夏瓦称"。岩石南侧有至尊救度母、六字真言等岩画。

ཆས་ཀོང་གནའ་ཤུལ།
曲贡遗址

曲贡遗址位于城关区娘热乡曲贡村，距拉萨市区 5 千米，是拉萨河谷地带发现的一处新石器时代晚期文化遗址，海拔 3680 — 3890 米左右。比昌都卡若文化遗址高 600 米左右，是迄今发掘的海拔最高的新石器时期文化遗址。遗址东西约 150 米，南北约 30 米，面积约 5000 平方米。1984 年，由西藏自治区文物管理委员会对其进行 23.4 平方米的试掘。1990 年 8 — 9 月，由自治区文管会与中国社会科学院考古研究所联合组队在市文管人员配合下，对遗址进行 500 平方米的发掘，除揭露 30 多座墓葬外，主要发掘 10 多座灰坑。出土主要有石器、陶片、骨器和兽骨等，还有少量的青铜器。石器有打制和磨制石器两大类，器形包括梳形、镰刀、石锤、石磨、锥状器、重器、雕刻器、砍砸器、刮削器、斧形器；还有少量的磨光玉器、器形为箭镞、锛等。骨器有锥、针、梳、镞、锛等器形，多采用兽骨中的肢骨加工磨制而成。陶器的陶制有夹砂和泥质两种，装饰手法采用磨光、磨花、剔刺、刻划等工艺，器型规整，烧制火候较高，压制有变化多样的几何纹饰，有单耳罐、双耳罐、高领鼓腹罐、高柄豆、圆底锅和碗盂杯等。遗址中还出土耳坠、陶环、石环等装饰物品。另有人骨、人骨架，属于非正常埋葬状态。初步推定曲贡人生活的年代为公元前2000多年或稍早一些。是西藏腹心地区新石器末期史前文化的典型代表，开始进入青铜石器时代。出土文物表明，早在4000年前，拉萨先民已经制作陶器和磨光石器，种植耐寒农作物、饲养家畜、建造泥石房屋，过着相对定居的生活，狩猎仍是重要的经济门类。

1991年，曲贡遗址被评为"全国十大考古发现"。

藏热汉族古墓地

藏热汉族古墓地位于城关区纳金乡藏热村东北处，清乾隆六十年（公元1795年，藏历第十三饶迥木阴兔年），当时的驻藏大臣松筠、和琳及驻藏官员等捐资购买了这片荒地，作为病故官兵、民众的墓葬之地。墓地原来立有一碑，嘉庆八年（公元1803年，藏历第十三饶迥水阴猪年）被损毁，嘉庆九年重立，同时雇人建造了看守房。十年后，满人甘棠在房前种柏树一棵。嘉庆十九年（公元1814年，藏历第十四饶迥木狗年），墓碑又被损坏，驻藏官员再次划定墓地界址，八面插立灰桩，重立碑记，镑刻衔名，建盖碑亭一所。

墓地划分为 3 个墓区。第一墓区范围最大，位于整个墓区的西边，保存墓冢约 1400 座（解放后的墓除外）。其他两片墓区位于第一墓区东约 150 米的山麓下，中间以沟壑为界，共存墓冢 75 座。墓地原有数量远不止此数，很多墓早已在造田、修渠和建房时被夷为平地。整个墓地范围东西长约 1000 米，南北长约 600 米，共 60 万平方米。

第一墓区的东端中部建有一守陵小屋，小屋坐北朝南，右边一间房内后壁上镶嵌有"大清西竺义冢碑记"石碑一通。原来在此房内还供有泥塑的关羽像和一妇女怀抱婴儿的塑像。在左边的套房里，四壁绘满壁画，由于烟熏过甚，可见图只有"宝瓶"、"寿星"和"老虎"等图案。房前右侧有一棵常青柏树，前方原有一片林卡已被毁，现只能依稀看到十几棵古老粗壮的柳树和杨树。

现存 28 块墓地碑基较多，大都残缺不全，只有基区碑记保存完整。由首、身、座三部分组成，通高 2 米，宽 0.88 米，碑首为两龙盘绕，中间竖行写着不甚规范的"大清西竺义冢碑记"8 个大字。墓碑正文字体采用正楷，前半部字体较大，后半部字体较小。

墓地其他 27 块墓碑多属小型，且残缺不全。均系同治、光绪、民国初年所立。其中有一块同治元年（公元 1862 年，藏历第十四饶迥水狗年）三月立的墓碑较完整，只是碑座不存。碑首与碑身用一块整石凿成，碑首刻"五福拱寿"图案，图案下部阴刻"如得金"三字，碑身中间竖行刻写"清故顾门四郎竹玛之墙墓"，右边是"同治元年三月吉日立"。在碑身两边有一副挽联"时与鹤同登，常邀月做伴"。墓地除保存大量的墓碑外，还有 4 块木廎，文字系漆书，记载着民国时期维修、扩建墓地所捐财物及工料用费的具体数量。

འདམ་གཞུང་གི་དུར་ས།
当雄墓地

　　当雄墓地位于当雄县当曲卡镇（老县政府驻地）西北处，墓地所在山坡叫果瓦那布日山，距离当曲卡镇约 2000 米。果瓦那布日山东侧平缓坡地上，共发现墓葬 39 座，大致由南向北分布，均为封土墓，封土平面可分梯形、圆形两种，规模有大、中、小型三种，以小型墓为主，其中大、中型墓均为封土梯形墓，小型墓除 M13、M14 为封土梯形墓外，其余均为封土圆形墓。据墓地所处地势分为南北两部分，其中南侧有 6 座墓地，北侧有 33 座。墓地一般朝向东南、南及西南。

ཀོ་ཆེམ་གྱི་གནད་ཤུལ།
郭庆遗址

　　郭庆遗址位于当雄县龙仁乡郭庆村1组西北约400米处的郭庆乌孜山南侧。该遗址属于公元11世纪，据专家考证大约于公元1005—1064年由仲敦巴·杰哇迥乃弟子格西郭相巴创建。郭庆遗址原属寺庙为噶当派，根据遗址现状可推测由经堂、拉康、护法神殿、僧舍、寺后佛塔等组成，准噶尔入侵西藏时该寺庙被毁，后被废弃，"文革"时寺后的佛塔又遭破坏，公元20世纪80年代，在原佛塔部分遗址上修复了8座佛塔。

ཧ་མ་དུར་ས།
哈玛墓地

哈玛墓地位于当雄县龙仁乡曲登村5组西南约300米处的嘎玛雪甲日山东北侧。共有墓葬104座，均为封土墓，封土平面形状呈梯形，且从正视、侧视皆为梯形，墓葬规模有中、小型二种，以小型墓葬居多，大多数墓葬朝向东北。墓葬皆为夯筑封土，随着风雨侵蚀，封土多有流失。

ཁ་ཡ་ཐང་རྡོ་བཅུད་ཀྱི་གནའ་ཤུལ།
克亚塘石框遗迹

　　克亚塘石框遗迹位于当雄县乌玛塘乡巴嘎村 6 组东约 500 米处，共有 3 处遗迹点。据当地牧民讲述，此遗迹为准噶尔入侵西藏时阵亡将士所埋墓地，当地牧民称其为"索波若仲"[1]。

---

[1] 索波若仲：藏语索波指蒙古，若即尸体，仲指村。

ལ་རྐན་གྲོང་།
拉根墓地

　　拉根墓地位于当雄县公塘乡拉根村 2 组北约 1000 米的拉朵日山南坡，沿西南向东北分布，共发现墓葬 23 座，均为封土梯形墓，规模有大中小型三种，以中型墓为主，大部分墓葬保存较好，少量墓葬被人为破坏，其中 M5 封土及内砌墙体均无存，个别墓葬外露夯筑墙体。墓地中间有一条南北向的冲沟将墓地分成东西两部分，墓地朝向东或东南。

ཁྱི་ལུང་རྫོ་བཟོ་སྐྲུན་གནས་ཤུལ།
齐龙朵建筑遗址

　　齐龙朵建筑遗址位于当雄县羊八井镇桑巴萨村齐龙朵村北约 300 米的山顶，据传此处为宗遗址，现存遗址由一座建筑遗址与一座碉堡遗址两部分组成，面积 3418 平方米。

ཨེ་ར་བྱ་སྒྲིད་གནར་ཤུལ།
色拉喇吉遗址

　　色拉喇吉遗址位于当雄县公塘乡冲嘎村 2 组东北侧，紧邻村庄。始建年代及创始人不详。据冲嘎村村民次丹边觉介绍，旧西藏时此处为当雄宗，隶属色拉寺阿巴扎仓，为当时当雄 8 个百户的管理机构，每年定期或不定期地召集 8 个百户长在此开会安排事务等，主要由三名喇吉、一名管家及一名秘书负责，喇吉每三年换一次，都由色拉寺指派。1959 年民主改革后，此地为当雄县临时办公场所，县政府搬出后曾改为商店。公元 20 世纪 70 年代，遗址建筑内木构件被取走，现存遗址由主体建筑及附属建筑组成，占地面积 898.4 平方米。

ཐང་གྲོ་བཟོ་སྐྲུན་གནའ་ཤུལ།
塘卓建筑遗址

　　塘卓建筑遗址位于当雄县宁中乡麦灵村康琼果自然村东北约1000米的沟口坡地上，始建年代及创建人不详。据麦林村2组占堆老人介绍，此建筑毁于准噶尔入侵西藏时，"文革"期间当地百姓又取走了建筑内所剩的木构件，遂成为遗址。现存遗址由主体建筑、两处附属建筑及防护池组成，中间有两条冲沟将遗址分成三部分，分布面积13968平方米。

ནའ་ལེན་བྲ་བང་ས།
那连扎墓地

　　那连扎墓地位于林周县卡孜乡那连扎寺东北,地处沟口冲积扇,海拔3750米。现存封土墓葬122座,可分为东、西两区,两区相距约100米。东区有墓葬55座,分布面积约6000平方米,封土较小且平面皆呈梯形,多在封土下部砌有石边框,宽边长10米左右,窄边长6米左右,现存高度均在1.5米以下。西区有墓67座,分布面积约7000平方米,封土形状及构筑方式与东区相同,但封土规模较大。从墓葬形制判断,其时代约为吐蕃时期。

ཕྱགས་པོ་རགས་གཞིས་ཀ་རྙིང་པ།
加布惹庄园遗址

  加布惹庄园遗址位于林周县阿朗乡嘎列村加布惹希格自然村。其建筑与山崖连在一起，规模浩大，分布面积约5万平方米。地面现存建筑遗迹多间，平面有圆形、方形、长方形等。该建筑墙体主要由石块垒砌筑成，石缝间填塞砂土。建筑底层的房屋墙体大多坍塌，残墙最高约4.7米，只有山顶处的建筑保留较好，但人无法上去。庄园主供释迦牟尼佛像，山顶处的建筑为贵族居所，底层为佣人住处。历史上，庄园隶属热振拉章，"文革"时被毁。

ཕྱན་འགྲུབ་རྫོང་རྙིང་པའི་གནའ་ཤུལ།
林周宗遗址

  林周宗遗址位于林周县松盘乡澎波河上游松盘河东侧山顶上，海拔 3915—3945 米，公元 14 世纪，帕竹地方政权时期建成，后多次扩建，为林周境内六大宗之首，其辖境除了今林周县全境外，还包括今当雄县宁中乡东部和乌玛乡的东南部。

  林周宗主建筑为藏式九层楼，宗外围有规模不小的围墙。林周宗顶部建筑为达龙本莫护法神（女护法神）供奉者的起居殿，其内供奉的第一护法为达龙格年（格年即"居士"之意），其次为达龙本莫；另外，宗内主要建筑有 4 柱厨房、1 柱寝殿、4 柱会客厅、6 柱储藏室、2 柱角楼等。

བཅོམ་མདོའི་བྲག་བརྐོས་སྐུ་བརྙན།
江多摩崖造像

　　江多摩崖造像位于林周县热振河北岸约 400 米的日吉懂山腰西侧岩壁上，往西约 200 米为江曲河，高差约 35 米，海拔 4140 米，隶属拉萨市林周县唐古乡江多村。造像凿刻于岩壁上，内容为三个主像，由北至南依次为文殊菩萨、四臂观音、持金刚，皆有圆形头光、背光及仰覆莲台座，造像技法系浅浮雕。从雕刻技法及造像风格判断，其年代大约为清代。

ལྡག་རྩེའི་རྫོང་རྙིང་པའི་གནའ་ཤུལ།

达孜宗遗址

　　达孜宗位于达孜县雪乡境内，据当地百姓介绍，宗城堡坐落在形似老虎的后山山嘴，像虎左爪伸向平地而得名。另有文献记载：古代西藏有表彰战争英雄，为英雄赐予显示英勇气概的老虎皮的规矩，为了纪念英雄，在英雄的家乡用石头砌筑一个城堡，在城堡的屋顶上修一个形似虎头的装饰物。具有这层意义的一些地方都被称为"达孜"，表示该地曾经是英雄的出生地。故西藏一些宗名中也有达孜二字，如最著名的有琼杰青瓦达孜、沃卡达孜，另外，林芝、巴青县和南木林县等地也有叫达孜的村名。达孜宗名的来历，可能与上述做法有关。

　　达孜宗始建于公元1354年，原系噶厦政府六品级宗，管辖范围较大，北与林周县、西与城关区、东与墨竹工卡县接壤。

སེར་སྨད་གཞིས་ཀའི་གནའ་ཤུལ།
色麦庄园遗址

　　色麦庄园位于曲水县茶巴拉乡色麦村"江"自然村 4 组东南侧宗日山山顶,原是西藏寺庙庄园。始建年代不详。据"江"自然村的 74 岁多吉老人介绍,1959 年民主改革时,庄园里的房子分给当地无房户用,公元 20 世纪 60 年代开始,庄园里的村民陆续迁至山下,房屋木构件也被取走,逐渐被弃置至今。原来的建筑由住房、藏经楼、粮仓、防护池及外围的防护墙组成。主体建筑共有三层,为土石木结构,大门朝西。

གཡུ་རྒྱལ་རྫོང་གི་གནའ་ཤུལ།
玉杰宗遗址

　　玉杰宗遗址位于曲水县茶巴拉乡白林村霍尔康自然村4组北约100米的加邦日山顶，始建年代及始建人不详。遗址大致由南向北分布，坐北朝南，由主体建筑、防护水池、附属建筑组成。

ཕུ་ལུང་དགོན་སྡེའི་གནའ་ཤུལ།
卜龙寺遗址

　　卜龙寺遗址位于曲水县茶巴拉乡色麦村东北约 400 米的卜龙寺山南侧山腰处。始建年代和创建人不详。据色麦村旦珠老人介绍，卜龙寺原为尼姑寺，有 10 位尼姑常驻于寺庙内，"文革"期间被毁，后被遗弃。2008 年地震对遗址造成一定破坏。遗址坐北朝南，方向 167 度，由大小不等的几间房屋组成，大致由东向西分布。东西长 23 米，南北宽 7 米，最高残墙约 6 米，最低残墙 0.53 米，墙厚 0.65—0.98 米。

古建大院

ཕོ་བྲང་རྙིང་པ།

拉章宁巴

　　拉章宁巴位于城关区八廓南街4号。拉章宁巴为原西藏贵族宅院，"拉章"为藏语译音，意为"大喇嘛和大活佛的居室"，"宁巴"为藏语译音，意为"旧的"。相传该大院在公元15世纪时为宗喀巴大师在拉萨的居室。公元17世纪，五世达赖喇嘛到拉萨时依传统亦住在此处，由此得名为"拉章"。后来，拉章宁巴成为大贵族吞巴的府邸。现为全国重点文物保护单位。

ཕེ་ཅིན་ཚོང་ཁང་།
北京冲康（商店）

　　北京冲康位于城关区八廓东街17号。"北京"为汉语，"冲康"为藏语译音，意为"商店"。1941年，17岁的韩修君从河北跟随掌柜叶茂青从北京来到拉萨，在"文发隆"商店当小伙计。韩修君在"文发隆"学徒一段时间之后，积累了经商经验和钱财，逐渐成为八廓街著名的商人。1953年，29岁的韩修君深深爱上了拉萨的一个藏族商人的女儿白玛卓玛，但这位商人说想要娶他的女儿，必须购买一处贵族院落，以显示其身份的高贵。韩修君为了娶心爱的姑娘，费尽周折从噶伦柳夏手里买下这个院落，并将院落改名为"北京冲康"。

朗孜厦

　　朗孜厦位于城关区八廓北街。"朗孜"是堆龙德庆所辖贵族家族的名称,"夏"在藏语中是指"寝室""住所"或"官邸"。该建筑原为堆龙朗孜第巴地方官在拉萨的住所,故称之为"朗孜夏"。建立西藏地方甘丹颇章政权时,朗孜夏改为拉萨司法机关,第一层关押重犯,第二层囚禁轻犯和女犯,第三层是审判处。1959年3月28日,国务院发布命令解散噶厦地方政府后,朗孜夏同时关闭。1996年朗孜夏被列为自治区级文物保护单位,1999年正式成立为朗孜夏陈列馆,同年被列为拉萨市爱国主义教育基地。

བསམ་གྲུབ་ཕོ་བྲང་།
桑珠颇章

　　桑珠颇章位于城关区八廓南街。桑珠颇章是原西藏贵族宅院，"桑珠"藏语意为心想事成，"颇章"藏语意为宫殿。1956年桑颇家族搬迁至新建的房子，老宅出售给了自治区筹备委员会，作为自治区筹备委员会商业局的办公场所。之后，该建筑成为城关区八廓街道办事处办公地，1998年列入拉萨市老城区第一批挂牌保护院落。

ཞྭ་མོ་དཀར་པོ།
夏帽嘎布

　　夏帽嘎布位于城关区八廓北街 15 号。夏帽嘎布为藏语,是白色帽子之意。夏帽嘎布的创始人巴苏然纳从尼泊尔王国骑马翻越喜马拉雅山来到拉萨做生意,随后买下了大昭寺附近的一座两层楼房。由于人们记不住他的名字,见到他总戴着尼泊尔风格的白帽子,便称他"夏帽嘎布",此称呼后来变成店名。

ཉིའུ་པག
柳梧夏

　　柳梧夏位于城关区鲁固1巷43—44号。柳梧夏是原西藏贵族宅院。"柳梧"在藏语里是拉萨河南岸的一个宗名,"夏"藏语意为住宅。公元16世纪,柳梧宗宗本在拉萨建造了自己的宅院,被称为柳梧夏。

ཀརྨ་བཤག

噶玛夏

噶玛夏位于城关区八廓街东面,是藏传佛教噶玛噶举派活佛在拉萨的住处。"噶玛"藏语意为藏传佛教噶玛噶举派之意,"夏"藏语指"寝室""住所"或"官邸"。

གོར་ཁ་སྡོད་ཁག

廓尔喀堆夏

　　廓尔喀堆夏位于城关区八廓街南边，由于此地为廓尔喀人的居住与办公之地，因此而得名。

ཀླུ་སྦུག་དགའ་ཚལ།
拉鲁噶采

　　"拉鲁噶采"位于城关区当热路,"拉"意为神,"鲁"意为龙,"噶采"为美丽的乐园,是原西藏贵族宅院。八世达赖喇嘛强白嘉措、十二世达赖喇嘛成列嘉措尧西家族曾在此居住。拉鲁噶采与拉萨著名的拉鲁湿地相连,此地绿草茵茵,野花盛开,泉水密布,风光秀美,人们把它誉为仙界龙宫的少男少女游玩的乐园,故称之为"拉鲁噶采"。

ཡབ་གཞིས་ཕུན་ཁང་།
尧西平康

尧西平康位于城关区北京东路，紧邻大昭寺。"尧西"藏语意为父业，"平康"藏语意为美满新居所，原为十一世达赖喇嘛克珠嘉措尧西住所，始建于公元1838年。克珠嘉措在通过金瓶掣签认定为十世达赖喇嘛的转世真身后，遵循清朝廷旨意，其父才旺顿珠修建了这座约2000多平方米的公爵府。在随后的170多年里，尧西平康大院几次易主。原有结构都被完好保存，现为拉萨古城中心保护最完整的古建筑。

ཡབ་གཞིས་གླང་མདུན།
尧西朗顿

　　尧西朗顿位于江苏路市妇幼保健医院东边。"朗顿"为藏语,"朗"意为"大象","顿"意为前面、跟前,原为十三世达赖喇嘛土登嘉措尧西的宅院。十三世达赖喇嘛出生在达布地区一户普通农家,由于该户处在形似大象的朗林拉巴山前,故称朗顿,意为山前的农家。十三世达赖喇嘛随父迁居拉萨兴建宅院,沿用祖籍户名而称"朗顿"。

ཇུས་འདིང་གླིང་།
吉定林

　　吉定林位于大昭寺西面，藏语意为"制定计谋的地方"。相传公元17世纪40年代，五世达赖喇嘛和第悉·索朗饶登在这里与硕特蒙古国首领固始汗，秘密商量推翻藏巴汗政权的事情，并且达成了协议。后来固始汗出兵康区，消灭了藏巴汗王的同盟者白利土司，并最终推翻了藏巴汗政权。此地因此称之为"吉定林"。

ཡང་གོ་ཆག

江乐金

　　江乐金位于大昭寺北边。"江乐金"藏语意为金刚手菩萨和多闻天子所居杨柳宫。公元1750年久美朗杰（珠尔墨特那木扎勒）事件后，颇罗鼐家族面临绝后，请回颇罗鼐之孙即阿里公久美益西次旦之次子久美旺杰继承家族事业，并封辅国公爵位，定居于原颇罗鼐的房产拉萨江乐金宅院，将其家族名称改用房名，形成了贵族江乐金的称谓。该家族在108年间先后出现了七代辅国公。1948年江乐金家族迁出老宅后，该宅院几经易主、改建，现只是拉萨城中的一处旧地名。

ཟུར་ཁང་།

索康

　　索康位于城关区八廓东街。"索"意为角落的意思,"康"意为房子,可以理解为"位于角落的房子"。该府邸因位于八廓街东南边角,因此称之为"索康"。

ཧོར་ཁང་།
霍康

  霍康位于城关区八廓街，原西藏贵族宅院，全名霍尔康萨。"霍尔"藏语意为蒙古人，"康萨"藏语意为新房子，即蒙古人的新房子。霍尔康家族最早源自蒙古厄鲁特台吉达·成吉尔官的后裔。公元 1642 年，五世达赖喇嘛建立甘丹颇章政府时，达·成吉尔官前来祝贺。五世达赖喇嘛把布德兰通谿卡（今曲水县境内）打赏给达·成吉尔官，并在拉萨新建府邸定居。公元 18 世纪初因家族无嗣，噶伦①颇罗鼐将弟弟诺颜和硕齐若丹入霍尔康家族，以继承霍尔康家族。他在公元 1727 年江孜反击廓尔喀时立下大功，雍正皇帝赐给他一等札萨、台吉等称号。

---

① 噶伦：西藏地方政府官职名。

夏扎

夏扎位于城关区八廓街南面，原西藏贵族宅院，全名霍尔康萨，"霍尔"藏语意为蒙古人，夏扎是藏语"夏热霍巴"一词音变而来，而"夏热"一词无具体意义，后来变音后形成的"夏扎"，意为"讲经院"。公元1806年，夏扎·顿珠多吉接替了父亲的噶伦之职，位高权重的他开始建造自己的私人府第，很快便建成了夏扎庄园。在此后的100多年里，夏扎家族一直是噶厦政府政治舞台上的重要角色。

ཚ་རོང་།
擦绒

擦绒，位于拉萨市西藏军区东侧，原西藏贵族宅院。据说：擦绒家族系吐蕃时期著名藏医宇妥·云丹贡布的后裔，但在公元1827年，第十世达赖喇嘛家族取名玉妥后，停止了"玉妥巴"的称呼。这个家族与藏医的联系持续到了公元19世纪。擦绒·孜本·多吉仁增公元1891年升任为噶伦后不久逝世。其子擦绒·旺秋杰布于1903年底或1904年初被任命为噶伦，1912年4月初，擦绒·噶伦旺秋杰布和长子桑珠次仁被害。1913年3月十三世达赖喇嘛任命宠臣达桑占堆为藏军司令，享有札萨爵位，并半强迫地成全了其与旧擦绒家族妇女的婚姻，继承了擦绒家业，1914年被任命为噶伦。

ཁྲི་སྒྲོག
赤门

　　赤门位于城关区冲赛康西侧,原西藏贵族宅院。"赤门"藏语意为"令人羡慕的法座"。山南"温"地区的赤门庄园所在地有一座山,名叫"扎西赤康"。在这座山上有个"法座",当地人讲该法座是莲花生大师的传法宝座,因此,其庄园被称为"赤门"。

སྤོམ་མདའ་ཚོང་།
邦达仓

  邦达仓位于城关区绕赛一巷7号，原西藏昌都大商户在邦达尧西拉萨的宅院，有着几百年的历史，是全国重点文物保护单位。作为从前拉萨首富的住居，该大院经过修缮和改建，形成集客栈、餐饮、旅游服务于一体的功能性大院，从民国初年到上世纪50年代末，是云、贵、川、藏著名的商号，在印度、缅甸、尼泊尔、不丹等国家也很有名。邦达仓宅院是拉萨老城区目前建筑结构保存最完整的一座豪宅。

སྨན་རྩིས་ཁང་།
门孜康

　　门孜康位于城关区大昭寺广场西北侧，原称拉萨藏医星算学院，建于 1915 年。门孜康主体建筑为东西向，高两层，长约 60 米，宽 18 米。最初由十三世达赖喇嘛土登嘉措委派自己的医生和弟子负责管理，主要任务是为各寺庙、村庙和藏军军营培养医务和历算人员，每期学员约 50 人。门孜康是全国重点文物保护单位。

木如宁巴

木如宁巴位于城关区大昭寺的正东方，与大昭寺一墙之隔。"宁巴"藏语意为古老的，相传该寺始建于吐蕃赞普赤热巴巾时期，后来五世达赖喇嘛在公元17世纪对其进行了扩建。木如宁巴主殿坐北朝南，现今只有主殿和两座侧殿。寺庙四周曾经的僧舍如今已大部分成为民房。

十三世达赖时期，木如寺又进行了大规模的修葺扩建，与此同时，乃穷神巫释迦亚培在小昭寺东南、大昭寺东北处修建了一新木如寺。由此大昭寺东的木如寺称作"木如宁巴"，即现今的老木如寺。

ཀུན་བཟང་རྩེ།
贡桑孜

　　贡桑孜居民大院位于城关区八廓街老城区内，亦称"凯墨"，原西藏贵族宅院，"贡桑孜"即为该家族在拉萨住所的名称，"凯墨"为山南雅堆地方的庄园名。该家族早在五世达赖喇嘛时期已出现，距今有着两百多年的历史。

ཁྲི་བྱང་བླ་བྲང་།

赤江拉让

　　赤江拉让位于城关区,"拉让"又译"拉章",意为"高僧邸所"。1959年之前,赤江拉让是赤江·罗桑益西活佛在拉萨的府邸。赤江·罗桑益西（公元1900—1981年）是格鲁派帕邦喀大师的弟子。前后几代甘丹赤巴、祈竹活佛、梭巴仁波切等均是他的弟子或者再传弟子。赤江拉让天井中央摆放着赤江活佛使用的下马石,庭院为露天餐厅。赤江拉让是拉萨古建筑保护大院之一。

ལྡིང་ས་གཞིས་ཀ

拉顶庄园

　　拉顶庄园位于墨竹工卡县唐加乡，原西藏贵族庄园，家族全称帕莫拉顶。该家族的形成可以追溯到甘丹颇章初期，据说巴德庆康萨是格萨尔王的臣巴拉森达阿东的后裔。

　　拉顶家族在拉萨的宅院位于古城八廓街西南侧，属藏式庭院楼房。

桥

ཁྲི་ཟམ།
赤桑桥

赤桑桥位于堆龙德庆区东嘎镇境内。民间传说，松赞干布时期，此地有一座法官的坐台，是审判罪犯之地。后来在此修建的桥梁被称为"赤桑"，即坐台桥之意。地处城东的堆龙赤桑桥，原本是一座木便桥，是拉萨通往后藏、印度、尼泊尔等地区的必经之路，但几乎每年都被洪水冲垮，年年都得重修。为此，1937年，西藏地方政府安排札萨擦绒·达桑占堆、准切·阿旺土登为正副主管，从印度购进钢筋、水泥，带领当地民工建造永久性水泥桥，这是西藏境内由西藏人自己设计、建造的第一座水泥桥。

སྙེ་མོའི་ལྕགས་ཟམ།

尼木铁索桥

尼木铁索桥遗迹位于尼木乡和塔荣镇之间的尼木河上，是公元15世纪上半叶西藏著名圆满者唐东杰布（公元1385—1485年）在西藏建造的铁索桥之一。相传：他在拉萨河上架铁索桥，历经6年，才把拉萨河铁索桥造好。他站在拉萨铁索桥上向后藏方向射了两支箭，一支射到了尼木，另一支射到曲日山上。第一支箭被尼木流浪艺人拣到送了回来，唐东杰布认为，这是在尼木修建铁索桥的吉兆。第二年，他为平生要修建的第二座铁索桥携徒弟到了尼木。开始并不顺利，却德寺有三喇嘛不相信他们，说他们是招摇撞骗、故意为难，让唐东杰布用诗词讲一段经典，唐东杰布毫不迟疑地用诗词吟咏一段经典经文，喇嘛听后对唐东杰布崇拜得五体投地。尼木的群众听说要在尼木河上修桥，便积极捐钱捐物，派遣铁匠，唐东杰布还亲自帮着铁匠鼓起皮风箱，抡起大锤锻打铁链。铁匠们看到这位大智大德者如此热心,便更加卖力地干活,很快就打成了 4 条 40 多尺的铁链,仅仅几个月,从塔荣到恰古的尼木河上便架起了一座铁龙一般的索桥。

ཝོན་སྣ་ལྕགས་ཟམ།
温那铁索桥

温那铁索桥位于墨竹工卡县唐加乡,是西藏著名的圆满者唐东杰布建造的铁索桥之一。该桥用石头和巨木构成两个大的桥墩,再把四根较长的铁链固定在桥墩上,铁链上面铺木板,再用牛皮、绳子捆绑结实。以前这座铁索桥是当地群众互相往来桥两头地方的主要通道。

གུ་རུ་ཟམ་པ།（ལྷ་ས་ཟམ་ཆེན།）
估如桑巴(拉萨大桥)

估如桑巴位于城关区西藏大学东南侧,始建于公元 20 世纪 50 年代,是拉萨河上

的第一座木石结构大桥，川藏公路进入拉萨后该桥改建成了混凝土结构的大桥。大桥坐落在原拉萨先喀渡口管辖区，大桥落成通车，结束了先喀渡口的使命，所以民间称拉萨大桥叫"估如桑巴"，讽刺当时掌管渡口的官员嘴上打了叉叉，断了收入。

གཡུ་ཐོག་ཟམ་པ།
宇妥桥（琉璃桥）

宇妥桥位于城关区宇拓路，是连接原拉萨南北的一座桥。相传琉璃桥是公元18世纪清朝驻藏大臣主持修建，这座桥梁顶部封顶，其形为歇山状，用绿色的琉璃瓦装饰，具有浓郁的汉式建筑风格。桥身长28.3米，桥面宽6.5米，五眼桥孔上筑有3米高的石墙，是藏、汉建筑工艺结合建成的一座桥梁。过去拉萨老城排出的地面水基本从这座桥下流过。当今这座桥的交通意义已经失去，但是作为民族团结的象征、作为历史文物仍然有着重要意义，是西藏自治区级文物保护单位。

གད་ཁ་ཟམ་ཆེན།
香嘎大桥

该大桥位于城关区蔡公堂乡香嘎村，故命名为香嘎大桥。

古街巷、道路、隧道

བར་སྐོར།
八廓街

"八廓"译成汉语是"中圈"或"中转经"。以大昭寺为中心,在八廓街上顺时针方向转一圈,藏语称之为"八廓",是相对于圈围最小的"囊廓"(内圈)和圈围最大的"林廓"(外圈)而言,其街名也由此而来。八廓街是拉萨老城区最繁华的街区。

དང་མཚོའི་ཟུར།
东孜苏

"东孜苏"为藏语,意为"东措湖旁边"。相传在大昭寺修建之前,这里是一片湖泊,而大昭寺护法神班丹拉姆东迥旺姆居住在此湖中,因此此湖被称为"东措(孜)",而位于其东南角的地方称之为"东孜苏"(东孜湖角)。东孜苏是从八廓街通往清真寺方向的重要道口。

ཤ་གསར་ཟུར།
夏萨苏

"夏萨苏"为藏语,意为"买鲜牛羊肉街角"。小昭寺西北面有个小型的屠宰场,这里宰杀的山羊、绵羊拿到八廓北街外小街上销售,因此这条小街被称为"夏萨苏"。

གཞམ་འོག
夏冲沃

"夏冲沃"为藏语音译，意为"卖牛肉的街"。八廓东街以东10多米处的措那巴小巷是拉萨老城区中规模最大的肉菜市场，市场中有一个专门经营牛肉的市场，它是公元20世纪初建立的，这里经营牛肉的商人都是拉萨回族人，这条街以这个肉市场为命名被称为"夏冲沃"。

དོང་སྟོད་ཞིང་ཁ
翁堆兴卡

"翁堆兴卡"为藏语音译，意为"上部庄稼地"。在早期这里是一片庄稼地，依据其位置被称为"翁堆"（上部），"兴卡"意为庄稼地。据专家考证推断，应当还有个叫"翁麦兴卡"的地方，也就是下部庄稼地，但至今无人知晓何处是"翁麦兴卡"。在过去"翁堆兴卡"是一处露天集市，是小本生意的摊贩摆摊销售旧衣服、旧家具、干牛粪、桑烟的地方。

ཁམ་གཟིགས་སྒང་
冲赛康

"冲赛康"为藏语音译，"冲"意为"市场"，"赛"意为"观赏"，在拉萨口语中也指"购买"，"康"意为店、铺、馆等，因此"冲赛康"既可以解释为"观市房"，也可以解释为"购物处"。相传格鲁派建立甘丹颇章政权后，在大昭寺北侧为五世达赖喇嘛新建了一座暂时休息观市的房子，由于所建房直朝八廓街市集，因此取名为"冲赛康"。过去，冲赛康后面有一处露天市场，主要经营陶器、草饲料、家具等，后来被称为"冲赛康"。现在的拉萨人绝大多数只知冲赛康就是现在的冲赛康批发市场，而真正的冲赛康观市房却很少有人知道。

热木其萨康雄

"热木其萨康雄"为藏语音译，意为小昭寺饭馆街。因在小昭寺前的南北走向的街道上开有不少饭馆，这条街得名"萨康雄"，意为饭馆街。如今，这条街道依然是拉萨最为繁忙的街道之一。

钦古囊

"钦古"意为毡房，"囊"意为内。八廓街西边丹杰林寺周围，聚集着来自青海、甘肃一带的商人，他们在这里搭起一座座蒙古毡房，因此古时候叫"钦古"，意思是毡房区。

夺底路

"夺底"是地名。"夺"藏语意为沟内地域狭窄，"底"意为沟外开拓的地域。"夺底"北靠大山而沟底狭窄，越往南越宽敞，与拉萨平原连成一片，而得此名，故命名为夺底路。

གཡུ་ཐོག་ལམ།
宇拓路

"宇拓"为建筑名,"宇"藏语意为松耳石,"拓"意为屋顶。拉萨的宇拓桥坐落于此,故名为宇拓路。

གླིང་སྐོར་ལམ།
林廓路

"林"在藏语中本意是指"洲",也泛指"寺院","廓"是"圈"或"转圈"。相对于大昭寺"内转"(藏语称"囊廓")、大昭寺外"中转"(藏语称"八廓"),以八廓街为中心的拉萨老城区外围转圈被称为"外转",藏语称作"林廓"。故命名林廓路。

ཉང་བྲན་ལམ།
娘热路

"娘热"为藏语音译,是地名。"娘"意为娘氏人,在书面语中发音"娘真"。"真"为"娘"氏臣民。相传很久以前,在这里居住着"娘"氏部落的头领和臣民,他们的姓氏名称成了村名,故该路段命名为娘热路。

ཕོར་གླིང་ག་ལམ།
波林卡路

"波林卡"为园林名。"波"在藏语意为"大爷"的意思。波林卡即大爷园林。据拉萨鲁固居委会的赤列老人说,波林卡是因为起初园林的护林人员是一位白发苍苍的大爷,因此人们叫它波林卡,故该区域路段被命名为波林卡路。

ཚེས་གསུམ་ཐང་ལམ།
慈松塘路

"慈松塘"为地名。"慈松"藏语意为"三日","塘"是"坝子"。相传每到藏历新年的元月三日,这里雷打不动地举行新年赛马会,因此有了"慈松塘"(三日坝子)的名称,故名为慈松塘路。

གླིང་བརྒྱད་ལམ།
林聚路

"林聚"为地域名,藏语意为园林密集地带,后来才有了林聚路。

ང་ཆེན་ལམ།
纳金路

"纳金"为地域名，位于拉萨东北侧的山嘴形似大象伸出的大鼻子，故称为"纳金"，纳金路道路名由此而来。

དོ་སེང་གེ་ལམ།
朵森格路

"朵森格"藏语意为石狮子。原该地域名为"梅朵吉采"，这里有树林、花园，是贵族噶喜瓦（也称多仁）家族的地盘，当时位于八廓街西南面的清朝驻藏大臣警卫队营区和多仁家族的"梅朵吉采"地方进行交换，在"梅朵吉采"内新修清朝驻藏大臣衙门府，被称为梅吉衙门，衙门府大门朝东，门前立有两只一米多高的石狮，因此这条街被命名为"朵森格路"。

གྲྭ་བཞི་ལམ།
扎基路

"扎基"为地名。公元18世纪时期，为了祈祝清朝乾隆皇帝长命百岁，在这里新建一座小寺，固定四位僧人常年诵长寿经，取名叫"扎细寺"，寺庙周围的村名就叫"扎细村"。目前口语中很少有人称其为"扎细"，而称之为更加顺口的"扎基"。扎基寺前的道路由此被命名为扎基路。

ནོར་སྟོད་ལམ།
罗堆路

"罗堆"为园林名,藏语意为"罗布林卡上部"的简称,因罗布林卡位于罗堆林卡上部,因此而得名,故命名为罗堆路。

བག་རི་ཁྲག་ལམ།
巴尔库路

"巴尔库"为地域名,藏语意为岩石山沟,位于拉萨沼泽地北面岩石山沟一带,故命名为巴尔库路。

རྒྱ་མཚོ་ལམ།
嘉措路

"嘉措"为地域名,藏语意为大海,位于拉萨罗布林卡北面一带,此地处于流沙河末端,形成了不少湖泊,而被称为"嘉措",后来命名为嘉措路。

བདེ་སྐྱིད་ལམ།
德吉路

"德吉"为园林名，藏语意为"幸福园林"，位于功德林寺西南处，故命名为德吉路。

ཀླུ་སྡིངས་ལམ།
鲁定路

"鲁定"即"吉采鲁定"简称，地域名。藏语"吉采"意为"乐园"，"鲁"意为龙，"定"为"盘旋"。该路段位于拉萨湿地西侧，古树名木郁郁葱葱，绿草如茵。

ནོར་བུ་གླིང་ག་ལམ།
罗布林卡路

"罗布林卡"为园林名，藏语意为宝贝园林，该道路位于罗布林卡正面。

མཁར་སྔ་གདོང་ལམ།
康昂多路

"康昂多"为地名，意为"城堡之前沿"，相传布达拉宫坐落于整座玛布日山之上，与玛布日连成一体，大致呈东西走向。东面山头实际上也是布达拉城堡之东面前沿，故命名为康昂多路。

གྲོང་གསར་ལམ།
仲萨路

"仲萨"为村名。藏语意为新村，该道路旁村庄叫仲萨，故命名为仲萨路。

ཆོས་གླིང་ལམ།
曲林路

"曲林"为地名，该道路周边均为农田，根据农田地名而为道路取名曲林路。

བར་ཁོག་ལམ།
岗廓路

"岗廓"为地名，该道路旁边均为农田，根据农田名称命名。

དར་དམར་ལམ།
塔玛路

"塔玛"为村名，藏语意为红旗，该道路位于塔玛村，故命名为塔玛路。

ཅང་མདའ་སྒང་ལམ།
江达岗路

"江达岗"为藏语音译，意为一箭之长射程之地。据说克什米尔传教师比亚尔古布到了拉萨后每天中午到娘热沟口山坡的岩石上进行礼拜。五世达赖喇嘛看到这个情况后，在江达岗给他拨了方圆一箭之长射程的地方用于修建清真寺，因此该地域被称为江达岗，后来就有了江达岗路。

སྣ་རུ་ལམ།
纳如路

"纳如"为地名，该地域历史名称为纳如，以地域名作为道路名，才有了纳如路。

དར་རྒྱས་སྒོར་བ་ལམ།
塔杰郭瓦路

"塔杰郭瓦"为地名，该道路所属地域原名称为"塔杰郭瓦"，后来才有了塔杰郭瓦路。

གསང་ཡིག་ལམ།

桑伊路

在夺底乡境内有一个温泉，这个温泉叫做桑伊温泉，民间相传温泉附近的山崖和山洞中有文成公主居住的迹象，但是具有迹象的那块石头和达卡洛山崖上文成公主的塑像都已不在。桑伊路因温泉名而沿用。

སྒྲ་འབུམ་ཐང་ལམ།

贡布堂路

"贡布堂"为地名。"贡布堂"藏语意为十万神像的坝子。相传公元11世纪时，藏族著名的佛经翻译大师热译师在这里把自己的肉身变换成十万个佛身显现出来，此地被人们称为贡布堂，路名由此而来。

སྐྱོར་མོ་ལུང་ལམ་ཆེན།

觉木隆大道

"觉木隆"为地名，该地有古道路，史称觉木隆，故将新修大道命名为觉木隆大道。

གཞུང་པ་ལྷ་ཆུ་ལམ་ཆེན།
雄巴拉曲大道

"雄巴拉曲"为泉名,该道路通往藏药厂雄巴拉曲,故命名为雄巴拉曲大道。传说雄巴拉曲泉水是莲花生大师用佛仗凿出的一眼甘泉。在凿泉时,他对众人说:"神泉即涌,端盆来","雄巴拉曲"即莲花生大师所言之简称。

རྒྱ་མག་ལམ།
嘉玛路

"嘉玛"为地名,该道路经过著名的嘉玛庄园,故命名嘉玛路。

ཐང་དཀར་ལམ་ཆེན།
唐嘎大道

该地域群众习惯称本区域为唐嘎热,意为宽广的平原,后来才有唐嘎大道路名。

ཚེ་མཆོག་གླིང་ལམ་ཆེན།
慈觉林大道

"慈觉林"为寺庙名,藏文意为"寿元长之寺"。该地名因有慈觉林寺庙,才有了后来的慈觉林大道。

བན་ཁ་ལམ་ཆེན།
香嘎大道

"香嘎"为地名，该地域名称为香嘎，才有道路名香嘎大道。

སྒང་སྟོད་ལམ།
岗堆路

"岗堆"为地名，该地域名叫岗堆，道路名沿用地名叫法。

རི་ཁྲོག་གླིང་ལམ།
日古林路

"日古林"为地域名，该地域在历史上称为日古林卡，寓意为山谷果园，后来才有了日古林路。

མེུ་ཆུང་རི་ལམ།
米琼日路

"米琼日"为地域名，该道路是通往米琼日的唯一道路，故命名为米琼日路。

༨་བྱ་ཆུ་འཐུང་ལམ།
麻迦曲童路

"麻迦曲童"为地标名，藏语意为孔雀饮水。该道路北侧岩石上刻有一对孔雀饮水石雕，故有此名。

དགའ་གདོང་ལམ།
嘎董路

"嘎董"为地名。此路段地域人称嘎董塘，意为嘎董村空旷之地，嘎董路由此而来。

གུག་མཐིལ་ལམ།
古梯路

"古梯"为地名。此路段所在地域被称为古梯，藏语意为地形弯曲，古梯路由此而来。

ཆུ་རིས་ཅན་ལམ།
曲日坚路

该路段和区域历史上被称为曲日坚，意为岩石上长期流水所留下的白色水印，曲日坚路由此而来。

མཚོང་དགའ་གླང་རི་ལམ།
通嘎朗日路

"通嘎朗日"为地名,该道路沿通嘎朗日山脚建设,故有此命名。

རྒྱ་མོ་ཕུག་ལམ།
嘉牧隧道

"嘉牧"为山名。该隧道位于拉萨南环路,贯通于嘉牧日果山,故得此命名。

དཔལ་ལྡན་རྩེ་རི་ཕུག་ལམ།
巴丹孜日隧道

"巴丹孜日"为山名。该隧道位于拉萨南环路,贯通于巴丹孜日山,故命名为巴丹孜日隧道。

གཙང་ཐལ་རི་མགོ་ཕུག་ལམ།
藏热日果隧道

"藏热日果"为山名。该隧道位于拉萨北环路,贯通于藏热日果山,故命名为藏热日果隧道。

མེའུ་ཆུང་རི་ཕུག་ལམ།
米琼日隧道

"米琼日"为山名。该隧道位于拉萨北环路，贯通于米琼日山，故命名为米琼日隧道。

ལྷ་རྒྱུད་ཕུག་ལམ།
拉隆隧道

"拉隆"为山名。该隧道位于拉萨北环路，贯通于拉隆日追山，故命名为拉隆隧道。

参考书籍：

1. 拉萨市地方志编纂委员会：《拉萨市志》，中国藏学出版社出版，2007年11月版。

2. 拉萨市政协文史民族宗教法制委员会：《老城史话》（拉萨文史丛书之一），西藏人民出版社，2015年7月版。

3. 马新明：《拉萨史话》，社会科学文献出版社，2015年4月版。

4. 达瓦：《古城拉萨市区历史地名考》，社会科学文献出版社，2014年4月版。